スパイスのまほう

ちょい足しレシピで、いつもの料理が変わる！

著者　　　　　　クリエイティブディレクション
印度カリー子　　**AZZAMI**

スパイスのまほうの世界に、ようこそ。

◆

思いきって買ってみたものの、
一回使って戸棚に眠っているスパイスたち。
カレーに使うスパイス、カレー以外に何に使えるだろう。
奇抜なスパイス料理ではなく、
普段のごはんにおいしく足せたらいいのにな。

……そんな、スパイスの活かし方に困っているあなたへ。

毎日の料理からホームパーティまで、
ひとつのスパイスでアッと驚く料理に大変身。
ちょい足しで魅力的な料理に変える、
スパイスのまほうをお教え致します。

スパイス料理だからといって、身構える必要はありません。
いつものサラダやパスタ、スーパーのお寿司やカップスープだって、
スパイスの香りと素材の相性がマッチすれば
ミラクル料理に早変わり。
マンネリ化してしまった料理も全く別物に仕上がります。

よく知っている料理と一緒に使っていけば、
よく知らなかったスパイスが少しずつ分かるようになり、
気づけばいろんな料理にスパイスが合うという発見を
生み出すことも出来るでしょう。

いつものキッチン、いつもの食卓、
いつもの料理で生まれる、新しい発見がここにあります。

スパイスのまほうの世界に、ようこそ。

印度カリー子

❖ CONTENTS ❖

002 スパイスのまほうの世界に、ようこそ。
006 まほうの世界のルール
126 スパイスのまほうは、終わらない。

まほうのひとふりで おいしさUP

008 **唐揚げのソース**
粒マスタード × ナツメグ、しょうゆ × スターアニス、チリソース × ターメリック、
砂糖 × シナモン、レモン汁 × コリアンダー、塩 × クミン

010 **トースト**
ピーナツトースト、いちごトースト、バタートースト、
スティックトースト、卵トースト、チーズトースト

012 **卵かけごはん**
クミン卵かけごはん、ターメリック卵かけごはん、卵かけスターアニスごはん

013 **目玉焼き & スクランブルエッグ**
目玉焼き、ナツメグ スクランブルエッグ、シナモン スクランブルエッグ

014 **納豆**
トマト納豆、クミン納豆、スターアニス納豆、ターメリック納豆、明太子納豆、チーズ納豆

016 **チップス＆ナッツ**
シナモンポテチ、コリアンダーポテチ、クミンポテチ
シナモンナッツ、とまらんクミンナッツ、おつまみチーズナッツ

018 **スープ**
ナツメグコーンスープ、シナモンポタージュ、クミンみそ汁、
しょうがとターメリックのスープ、爽やかミネストローネ、スターアニス卵スープ

020 **ドリンク**
野菜ジュース × クミン、炭酸水、レモン × コリアンダー、カルピス × ターメリック、
ココア × ナツメグ、豆乳 × スターアニス、コーヒー × シナモン

❖ CONTENTS ❖

クミンのまほう

- 022 豚のクミンしょうが焼き
- 024 みそぼろのレタス巻き
- 026 クミン香るステーキ
- 027 クミンミートのなすグラタン
- 028 手羽元とトマトの甘酢煮
- 028 れんこん豆乳スープ
- 030 かんたんシシカバブ

仕上げにちょい足し！

- 032 塩サバのクミン焼き
- 033 レタスサラダ ごまドレッシング
- 033 クミン ポテトサラダ
- 034 あつあつクミン油の 焼き厚揚げ
- 036 ネオ寿司 2種
- 038 かぼちゃのジーラライス
- 040 豚キムチチャーハン
- 041 ツナクミンうどん

コリアンダーのまほう

- 044 デュカとジャーサラダ
- 046 かじきのレモン蒸し焼き
- 048 鶏のコリアンダー白ワイン煮
- 048 ズッキーニチャンプルー
- 050 サバ缶の冷や汁
- 051 ソーセージのミルクスープ
- 052 海老春雨サラダ

仕上げにちょい足し！

- 054 アボカドとささみの チリサラダ
- 055 豚のしゃぶしゃぶ 梅マヨコリアンダー
- 055 焼きトマトの ヨーグルトサラダ
- 058 コリアンダー ナポリタン
- 060 えだ豆ラー油
- 061 コリアンダー ピクルス
- 062 蒲焼き缶のバゲットサンド
- 063 コリアンダー アヒージョ

スターアニスのまほう

- 066 UFOしいたけ
- 068 鶏肉の唐辛子炒め
- 068 豆乳担々麺
- 070 あさりのバター スターアニス蒸し
- 070 あじのトマト スターアニス煮
- 072 山形だしの冷ややっこ
- 072 スターアニスしょうゆ 焼きもち まぐろのヅケ
- 074 豚の角煮と煮卵

仕上げにちょい足し！

- 076 チリビーンズ
- 076 スターアニスたこ焼き
- 078 スターアニス フレンチトースト
- 078 クッキーアイス
- 078 もも缶コンポート

── SPICE COLUMN ──

- 042 スパイスのまほうの使い方
- 064 スパイスを科学する
- 080 スパイスは昔から重宝されてきた
- 096 スパイスの保存と扱い方
- 110 スパイスQ＆A

── 応用編 ──

- 124 本気のスパイスカレーを作ろう ごちそうチキンカレー

❖ CONTENTS ❖

ターメリックのまほう

- 082 もちもちバインセオ風
- 084 ネパール餃子風モモ
- 086 水菜の黄色和え
- 087 ジャーマンポテト
- 087 うずら卵のアチャール
- 088 豚肉とキャベツの
ココナッツ蒸し
- 089 パエリアみたいな
ターメリックライス

仕上げにちょい足し！
- 090 ターメリックおでん
- 091 手羽先のカリカリ焼き
- 091 ターメリックのいか焼き
- 093 おいものきんとん風ラドゥ
- 094 バナナの黄色い
パウンドケーキ

ナツメグのまほう

- 098 鮭のコンソメクリーム煮
- 100 鶏手羽元の
ケチャップソテー
- 101 おつまみたこラー油

定番料理にちょい足し！
- 102 ナツメグオムレツ
- 103 ふんわりハンバーグ
- 103 ナツメグ シーザーサラダ
- 106 トマトと海老の洋風雑炊
- 107 豆乳明太子うどん
- 108 ナツメグヨーグルトの
グラノーラ
- 108 ナツメグ クッキーケーキ

シナモンのまほう

- 112 ハニーシナモンの
蒸し焼きチキン
- 112 シナモン マカロニサラダ
- 114 牛肉とチンゲン菜の
オイスターソース炒め
- 115 シナモン酢豚
- 116 鶏肉と玉ねぎの赤ワイン煮
- 117 かぼちゃのココナッツ煮込み

サラダやごはんにちょい足し！
- 118 インド風ピラフ"プラオ"
- 119 りんごとくるみのサラダ
- 120 スリランカ風プリン
ワタラッパン
- 122 サングリア

【この本の表記について】
- 本書の計量の単位は、大さじ1＝15㎖、小さじ1＝5㎖、1カップ＝200㎖、1合＝180㎖です。
- 特に注記のない場合、鶏ガラスープやコンソメは、市販のスープの素を使用しています。
- 電子レンジは800Wを基準にしています。ご使用の機種に合わせて加熱時間を加減してください。
- オーブンは機種によって性能が異なるため、本誌の焼き時間や温度を目安に、ご使用のオーブンに合わせて調節してください。

まほうの世界のルール

使うスパイスは1種のみ

複数のスパイスをブレンドして使うのは、実はけっこう難しいもの。でも、1種なら失敗も少ないし、チャレンジしやすい。ひとつのスパイスを、いつもの料理にちょこっと足すだけ。それだけで、まほうを体感できるはず。

まほうは増やせる

この本では、スパイスと相性のいい食材や調味料をマークで入れています。例えば「クミン×しょうが」など。その組み合わせが気に入ったら、ぜひご自身がいつも食べている料理に応用してください。そのうち、新しいまほうがどんどん使えるように！

最初はちょっとずつ

「このスパイスが苦手」となる大きな原因のひとつに"入れすぎ"があげられます。最初は本当にちょっと（ひとつまみ）から試しましょう。スパイスに慣れてきたら、自分好みの量に増やしていきましょう。一部のレシピには最少～最大量を入れていますので、目安にしてください。

油は控えめ

スパイシーな料理はとかく油を使うことが多いものですが、この本では"ふだんの家庭の料理"を目指しているので、油は控えめにしています。例えば、豚バラ肉やひき肉など、脂の多い食材のときは炒め油を使わないレシピにしています。私は焦げつかないテフロン加工のフライパンを使っていますが、お使いの道具に合わせて油の量は調節してください。

さらに詳しいまほうの使い方は、P042を参照ください

今すぐ実践！ "スパイスのまほう"を体感しよう

まほうのひとふりで おいしさUP

　　　　　ちょっぴりスパイスを加えるだけで
　　　市販のお惣菜も、手をかけた味にグレードアップ！

ここでは、6種のスパイスを同じ料理や食材にプラスしているので
各スパイスと相性のいい調味料や風味を、感覚的に知ることができます。

手軽に実践できる"スパイスのまほう"、ぜひ毎日のごはんで試してみて。

※この章で特に記載のない場合は、パウダー(粉)を使用しています。
※スターアニスは、おろし金ですりおろしてパウダーにしてください(P042参照)

Let's try! ──── MAGIC OF SPICE

唐揚げのソース

唐揚げのたれやディップにスパイスをちょい足し。
食欲をそそる香り、さっぱりした後口…など、
驚くほど味や雰囲気が変わります。

リッチな洋食風
粒マスタード × ナツメグ

アジアンテイスト
スターアニス × しょうゆ

ケチャップでもおいしい
＊チリソース × ターメリック

＊P085参照

エキゾチック
シナモン × 砂糖

Let's try! ── MAGIC OF SPICE

トースト

トーストしたパンに、ジャムやバターをのせて
スパイスをふるだけ。たったそれだけで、
奥行きのある味に変化するから不思議。

ピーナツトースト

香りにうっとり

ピーナッツジャム × クミン

いちごトースト

まるでスイーツ

いちごジャム × スターアニス

バタートースト

鉄板の相性！

バター × シナモン

スティックトースト

おつまみにも

ごま油、塩 × ターメリック

✕ 作り方

パンはスティック状に切る。フライパンにごま油を熱してパンを炒め、塩、ターメリックをふる。

チーズトースト

クセになるおいしさ

チーズ × コリアンダー

✕ 作り方

パンにレタス、ハム、チーズ、トマトケチャップをのせてトーストする。コリアンダーをふる。

卵トースト

高級感がプラス

ゆで卵、マヨネーズ × ナツメグ

Let's try! ── MAGIC OF SPICE

クミン卵かけごはん

これだけで異国の味

ごま油、塩 × クミン

ターメリック卵かけごはん

磯の香りも好相性

あおさ、しょうゆ × ターメリック

卵かけごはん

和の朝ごはんにもスパイスが大活躍！
ごはんやしょうゆ、知らなかった
スパイスの世界を味わって。

卵かけスターアニスごはん

ほんのりチャイナ

しょうゆ × アニスごはん

✕ **作り方**

洗った米に水とスターアニスを加え(米1〜2合につき1個)、普通に炊く。

目玉焼き&
スクランブルエッグ

朝ごはんに革命を起こす、スパイスと卵の相性のよさ！
ほかのスパイスでも試してみて。

◇ 目玉焼き

爽やかさをプラス
ウスターソース × コリアンダー

◇ ナツメグスクランブルエッグ

ホテルの朝食の味⁉
トマトケチャップ × ナツメグ

◇ シナモンスクランブルエッグ

甘い香りと卵のコク
シナモン × 塩

納豆

※ スターアニス納豆

※ クミン納豆

※ トマト納豆

爽やかな酸味

トマト、塩 × コリアンダー

コクうま！

マヨネーズ × クミン

からしをのせても

ポン酢しょうゆ × スターアニス

意外なようだがスパイスと納豆は、驚きのマッチング。
スパイスを混ぜるだけで納豆特有のクセやにおいを
別次元のおいしさに持っていく、まさに"まほう"の小鉢。

❖ ターメリック納豆

❖ 明太子納豆

❖ チーズ納豆

好みで青じそを
納豆のたれ × ターメリック

新感覚のおいしさ
辛子明太子 × シナモン

クセになる洋風納豆
粉チーズ、塩 × ナツメグ

Let's try! ── MAGIC OF SPICE

チップス＆ナッツ

ポテトチップスやナッツなど、
いつものおやつも"スパイスのまほう"で変身！
簡単なおもてなしにも喜ばれそう。

◈ シナモンポテチ

甘じょっぱい

うすしおポテチ × シナモン、砂糖

◈ コリアンダーポテチ

アジアンテイスト

コンソメポテチ × コリアンダー、砂糖

◈ クミンポテチ

ビールのつまみに

のりしおポテチ × クミン

シナモンナッツ

✕ 作り方

ミックスナッツとミックスドライフルーツに、シナモン、はちみつをかけて混ぜる。

とまらんクミンナッツ

✕ 作り方

1 フライパンに好みの油（小さじ1）、にんにく（1かけ/薄切り）を入れ、弱火で1分炒める。
2 クミン（シード/小さじ½）、有塩ピーナッツ（60g）を順に加え、さらに1分炒める。キッチンペーパーの上でよく冷ます。

おつまみチーズナッツ

✕ 作り方

1 スライスチーズ（1枚）は6枚に切る。ラップを広げてチーズをのせ、アーモンド（6粒）を1粒ずつのせる。
2 チーズで包むようにラップごと包み、ころころ転がして丸くする。スターアニス（少々）をふる。

Let's try! ── MAGIC OF SPICE

スープ

お湯をかけるだけですぐ飲めるインスタントのスープは
便利だけれど少し物足りない、と思うことがありますよね。
そんなときこそ、スパイスのまほうの出番です。

❖ ナツメグコーンスープ

ホテルのような
リッチなスープに昇格

コーンクリーム × ナツメグ

❖ シナモンポタージュ

甘い香りが
ミルキーさを引き立てる

ポタージュスープ × シナモン

❖ クミンみそ汁

豚汁など
油のある具と相性よし

油揚げのみそ汁 × クミン

しょうがとターメリックのスープ

体がぽかぽか温まる

ジンジャースープ × ターメリック

✕ 作り方

しょうがの薄切り、鶏ガラスープの素、水をマグカップに入れ、電子レンジで温める。ターメリック、好みでごま油を入れる。

爽やかミネストローネ

トマトの酸味を心地よく後押し

ミネストローネ × コリアンダー

スターアニス卵スープ

お店で食べる味みたい！

卵スープ × スターアニス

- とにかくフレッシュ 02 炭酸水、レモン × コリアンダー
- リッチな香り 04 ココア × ナツメグ
- しゃれた大人の味 06 コーヒー × シナモン
- まるでサラダみたい 01 野菜ジュース × クミン
- 黄金の組み合わせ 03 カルピス × ターメリック
- ことこと鍋で煮ても 05 豆乳 × スターアニス

エスニックな芳香でクセになる

クミンのまほう
CUMIN

 なんにでも合う
万能選手

 エスニック感が
出せる

 味の
アクセントになる

- 日常的にクミンを使わない国はほぼないといえるほど、どんな料理にも使えます。
- カレー粉の主要スパイスでもあります。
- 脂ののった肉や魚、しょうゆ、クリーム、唐辛子やにんにくなどと特に好相性。
- 甘めの料理、濃いめの味や香りとも合います。
- 使いすぎはNG！ 少量から試すこと。
- クミンシード(粒)は噛んだときにアクセントになる香り、パウダー(粉)は強い香りが楽しめます。この本はどちらを使ってもOKです。
- シードは油でじっくり熱し、パウダーはチーズなど油脂部にふって加熱するとより香りが立ちます。

CUMIN ── MAGIC OF SPICE

しょうが × クミン

しょうがの爽快な辛さがクミンと出会って
エキゾチックな香りに変化する

まほうのアドバイス

肉と一緒に縦半分に切ったオクラを焼き、つけ合わせにしてもOK。クミンシードを使わず、食べる直前にクミンパウダーをふったり、下味に混ぜたりしてもおいしい。

豚のクミンしょうが焼き

✗ 材料（2人分）

豚ロース肉（しょうが焼き用）……………… 4枚
クミン（シード）……………………………… 小さじ½
サラダ油 ……………………………………… 大さじ1

〈下味〉
　しょうゆ…………………………………… 大さじ2
　みりん……………………………………… 大さじ1
　酒…………………………………………… 大さじ1
　砂糖………………………………………… 小さじ1
　しょうが（すりおろし）………………… 小さじ1

✗ 作り方

1　豚肉は〈下味〉に10分漬ける。
2　フライパンにクミンと油を入れ、強火で約1分、クミン全体から泡が立つまで熱する。
3　豚肉を加え、両面を焼く。

○クミンは消化促進作用があるので、夏バテや風邪をひいたときにぴったりのスパイスです。

CUMIN — MAGIC OF SPICE

クミン × みそ

まほうのアドバイス
レタスのほか、サラダ菜や青じそ、えごまの葉、ミントなど好みの野菜を添えてもOK。そぼろはごはんや冷ややっこにのせてもおいしい。

こっくりとしたみそと、スパイシーなクミンのマッチングを楽しんで。豚肉で作ってもおいしい

みそぼろのレタス巻き

✘ 材料（2人分）

鶏ひき肉（もも肉） ……………………… 200g
赤唐辛子（好みで） ……………………… 1本
レタス ………………………………………… 適量

A ┃ みそ ………………………………… 大さじ1
　┃ しょうゆ …………………………… 大さじ1
　┃ 酒 …………………………………… 大さじ1
　┃ 砂糖 ………………………………… 大さじ1
　┃ クミン（パウダー）………………… 小さじ1

ごま油 ……………………………………… 少々

✘ 作り方

1. 唐辛子は種を除いて粗くちぎる。フライパン（油はひかない）にひき肉、唐辛子を入れ、中火で炒める。
2. 肉の色が変わったらAを加え、混ぜながら炒め合わせる。少し焦げめをつけてもおいしい。仕上げにごま油を加えて混ぜる。
3. 器に2、レタスを盛る。各自で、そぼろをレタスに包んで食べる。

○ヨーロッパではライスシャワーにクミンを混ぜ、恋人の心変わりを防ぐまじないにしたそうです。

クミン × 牛肉

牛肉とクミンは最強の組み合わせ。
クセの強いもの同士が織りなすおいしさ

クミン香るステーキ

まほうのアドバイス
肉と一緒につけ合わせのじゃがいもを焼いても。クレソンなど生野菜も添えてバランスよく。

✗ **材料（2人分）**

牛肉（ステーキ用）……………… 2枚（約300g）
塩 …………………………………………… 適量
にんにく ……………………………………… 1かけ
サラダ油 …………………………………… 大さじ1
クミン（シード） ………………………… 小さじ½〜1

✗ **作り方**

1　牛肉は室温にもどし、塩をふる。にんにくは薄切りにする。
2　フライパンに油とクミン、にんにくを入れ、強火で1分熱する。
3　牛肉を加え、両面を焼く。焼き色がついたらふたをして、弱火で約3分焼く。

ミートソース × クミン

クミンが香る大人なミートソース。
ちょっぴりメキシカンな雰囲気に

クミンミートのなすグラタン

✕ 材料（2人分）

ミートソース（自家製または市販品）	150g前後
なす	1本
クミン（パウダー）	小さじ1
サラダ油	小さじ1
とろけるチーズ	ひとつかみ

✕ 作り方

1 ミートソースにクミンを混ぜ合わせる。
2 なすは1cm角に切る。フライパンにサラダ油を中火で熱し、なすを軽く炒める。
3 グラタン皿に1、2、チーズを順に重ね、トースターでチーズに焦げめがつくまで5分焼く。

自家製ミートソース

1 フライパンにサラダ油（小さじ1）、にんにく（1かけ/みじん切り）を入れ、香りが立つまで炒める。玉ねぎ（1個/みじん切り）を加え、あめ色になるまでじっくり炒める。
2 合いびき肉（200g）を加え、色が変わるまで炒める。塩（小さじ1）、トマト缶（200g・½缶）を加え、トマトをつぶすように炒める。

CUMIN ——— MAGIC OF SPICE

クミン × 甘酢

甘酸っぱい味とクミンの、驚くほどの相性の良さを体感！酢の力で肉もやわらかくなります

クミン × 豆乳

ミルキーな優しい味のスープをクミンがアクセントに引き締めます。プチプチ食感も楽しい

手羽元とトマトの甘酢煮

✕ 材料（2人分）

手羽元	6本
トマト(小)	2個
にんにく	2かけ
サラダ油	小さじ2
クミン(パウダー)	小さじ1/4〜1/2
A しょうゆ	大さじ2
酢	大さじ1
砂糖	大さじ1
みりん	大さじ1
水	200ml

✕ 作り方

1　トマトは十字に切り込みを入れる。にんにくは薄切りにする。
2　フライパンに油、にんにくを入れ、弱火で熱する。香りが立ってきたら手羽元を加え、中火で色が変わるまで炒める。
3　A、トマトを加え、煮立ったらふたをして弱火で15分煮る。仕上げにクミンをふる。

れんこん豆乳スープ

✕ 材料（2人分）

れんこん	200g
サラダ油	小さじ1
クミン(シード)	小さじ1/4
塩	適量
A 鶏ガラスープの素	小さじ1
豆乳	100ml

✕ 作り方

1　れんこんは輪切りにして鍋に入れる。
2　水200ml(分量外)を加え、やわらかくなるまでゆでる。
3　別の鍋に油とクミンを入れ、強火で1分熱する。A、2をゆで汁ごと加え、ひと煮立ちさせる。仕上げに塩で味をととのえる。

○クミンはリラックス効果があります。夜寝る前のホットドリンクに入れてみてはいかが。

CUMIN ── MAGIC OF SPICE

クミン × 豚肉

本来は串刺しにして焼く中近東の料理・シシカバブをころころ丸めてアレンジ

かんたんシシカバブ

○内モンゴルでは羊肉にクミンと塩をかけた串焼き「羊肉串(yang rou chuan)」が郷土料理で、よく路上で売られています。

✖ 材料(2人分)

合いびき肉	200g
パン粉	大さじ2
クミン(パウダー)	小さじ1
にんにく(すりおろし)	小さじ1
しょうが(すりおろし)	小さじ1
塩	小さじ1
こしょう	少々
パクチー(好みで)	1株
赤唐辛子(好みで)	1本

✖ 作り方

1. パクチーはみじん切りにする。唐辛子は種を除いて粗くちぎる。
2. すべての材料をよく混ぜ合わせる。6〜7等分に分け、丸く形を整える。
3. フライパン(油はひかない)は中火で熱し、2の両面を焼く。
4. 焼き色がついたらふたをして、弱火で約5分焼く。

仕上げにクミンを ちょい足し！

脂ののった魚 × クミン

まほうのアドバイス
サバ、イワシ、ブリ、サンマ、なんでもOK。お弁当に入れても臭くなく、いい香り。塩サバは皮めを6分焼いて裏返し、2分焼いたら油が浮いてきたところにクミンをふり、スプーンの背で広げるようにまんべんなく塗ってさらに1分焼いて完成。

塩サバのクミン焼き

クミン（パウダー）を塗って焼くだけ

クミン × ごまドレッシング

レタスサラダ ごまドレッシング

から炒り**クミン**(シード)を仕上げに散らすだけ

まほうのアドバイス
クミンはフライパンで約1分、香りが立つまでから炒りし、粗熱がとれたら包丁で粗く刻んで。
市販のごまドレッシングに同量のめんつゆを混ぜるとおいしくてヘルシーに。

マヨネーズ × クミン

クミンポテトサラダ

から炒り**クミン**(シード)を混ぜるだけ

香りのないふつうの油を使っていても
抜群に風味がよくなるから、まほうって面白い

あつあつクミン油の焼き厚揚げ

クミン × 油

✕ 材料（2人分）

厚揚げ	1丁（130g前後）
大根おろし	適量
細ねぎ	少々
サラダ油	大さじ1
しょうゆ	大さじ1
クミン（シード）	小さじ½

✕ 作り方

1　厚揚げはトースターか魚焼きグリル、フライパンなどでこんがり焼く。

2　ひと口大に切って器に盛る。大根おろしをのせ、小口切りにした細ねぎを散らす。

3　小鍋などに油とクミンを入れ、強火で熱する。クミン全体から泡が立ってきたら火からおろし、しょうゆを加えてすぐに2にかける。

CUMIN — MAGIC OF SPICE

スーパーのお寿司をなんとか
おいしくできないかと生み出
した、大ヒットのまほうです

クミン × 寿司

ネオ寿司2種

✗ 材料（2人分）

にぎり寿司(市販品) ……………………… 1人分
鉄火巻き(市販品) ………………………… 1人分
クミン(パウダー) ………………………… 適量
マヨネーズ ………………………………… 適量
しょうゆ …………………………………… 適量
塩 …………………………………………… 適量
ごま油 ……………………………………… 大さじ1

✗ 作り方

1 にぎり寿司は器に盛り、マヨネーズをしぼってクミン少々をふる。塩またはしょうゆにつけて食べる。
2 鉄火巻きは、ごま油を熱したフライパンで全部の面をカリカリになるまで焼く。塩、クミン少々をふる。

○クミンは抗菌作用があるので、刺身と一緒に食べるのは理にかなっています。

クミン × ごはん

ジーラとはヒンディー語でクミンという意味。じゃがいもや、にんじんでもおいしく作れます

かぼちゃのジーラライス

○クミンは世界各地で愛されているスパイス。煮込みや炒めもの、ブレッドやチーズにも使われます。

✗ 材料（2合分）

米	2合（360㎖）
水	2合（360㎖）
かぼちゃ	250g
バター	10g
クミン（シード）	小さじ½
塩	小さじ1

✗ 作り方

1. 米は水で洗ってザルに上げ、水気をきる。かぼちゃはひと口大に切る。
2. 炊飯器の内釜に米、分量の水を入れ、残りの材料をすべて加えて炊く。

豚キムチ × クミン

いつもの豚キムチが中華レストランの味に！酸っぱ辛くてスパイシーなチャーハンです

豚キムチチャーハン

✗ 材料（1人分）

豚バラ肉	150g
白菜キムチ	100g
ごはん	1膳分
サラダ油	小さじ1
クミン（シード）	小さじ½
好みで塩	適量

✗ 作り方

1. 豚肉とキムチはざく切りにする。
2. フライパンに油とクミンを入れ、強火で約1分、クミン全体から泡が立つまで熱する。
3. 豚肉を加えて炒め、火が通ったらキムチ、ごはんを加えて炒め合わせる。仕上げに塩で味をととのえる。

クミン × ツナ

忙しいときのひとりごはんによく作ります。ツナは必ずオイル缶を使ってください

ツナクミンうどん

✕ 材料（1人分）

うどん(生麺) ……………………………… 1玉
ツナオイル缶 ……………………………… 1缶(70g)
塩 …………………………………………… ひとつまみ
クミン(パウダー) ………………………… 小さじ1

✕ 作り方

1 耐熱ボウルにうどんを入れ、ツナ缶をオイルごと加える。
2 塩、クミンを加えてよく混ぜる。ラップをかけ、電子レンジ(800W)で2分加熱する。

まほうのアドバイス

トッピングに、かつお節、青じそ、パクチー、のりを散らすのもおすすめ。

○キャラウェイ、ブラッククミンなど、クミンによく似たスパイスがあります。

SPICE COLUMN — MAGIC OF SPICE

スパイスのまほうの使い方

スパイスを使うのは簡単。でも上手に使いこなすコツをおさえれば、もっとまほうの精度が上がります。ここでは基本の使い方をレクチャーします。

✦ 油と仲良し

スパイスの香気成分は、ほとんどが油に溶けやすい脂溶性。炒めたり、焼いたりするときは、必ずスパイスが油にひたっているように熱して。パウダーは脂身やチーズなど油脂の多い部分を狙ってかけて。

油とスパイスを合わせ、強火で約1分、じゅわじゅわと泡が出て、香りが立ってくるまで十分に熱する。

✦ 熱して香る

ホールスパイスは食物繊維に香りが閉じ込められているので、油と一緒に熱して、しっかり香りを引き出してください。特に香りの抽出に時間のかかるスターアニスとシナモンは、よく加熱しましょう。

ホールとパウダー、どちらのスパイスも弱火で30秒ほどから炒りすると、香ばしい香りに変わる。

✦ 入れすぎ厳禁

スパイスは「味」ではなく、「香り」を楽しむもの。たくさん入れれば入れるほどおいしくなるものではありません。使う量を間違えると苦くなるなど、かえってまずい方向に偏ってしまいます。唯一、コリアンダーはたくさん使っても影響は少なめです。

計量スプーンできちんと計ろう。

✦ ホールとパウダーの使い分け

ホールスパイスとパウダースパイスは、そもそも香りが異なります。植物は一般に細胞が傷つけられると、自己防衛酵素を出すので風味の化学変化が起こります。例えばごま。粒のままとすりごまでは香りが異なりますよね。どちらもあると便利ですが、ホールスパイスを使うたびにミルなどでひくのがおすすめです。

スターアニスはパウダーの製品が少ないので自分ですりおろします。

	ホールスパイス	パウダースパイス
影響	穏やかに影響する。初心者におすすめ。	ダイレクトに影響する。使用量に注意。
風味	噛んだときにはじける香りや粒々感など、料理のアクセントになる。	料理全体に広がり、均一に香りをつけることができる。
特性	高温に強い。料理の前半によく熱して香りを立たせる。	空気に触れたとたんに香りが逃げる。料理の後半に加えるのがベスト。
保存	高温に強く、長期保存に向く。	高温、湿度に弱い。

スパイスの保存に関してはP096も参照ください。

ハーブのように爽やかな芳香

コリアンダーのまほう

— CORIANDER —

 ミントや山椒の
ような爽快感

 甘辛い料理の
アクセントに

 夏向きの料理に
ぴったり

- ✘ コリアンダーはパクチーの種ですが、種と葉では香りの質が全く異なります。葉よりもクセがなく、使いやすいスパイスです。
- ✘ 使うスパイスはパウダー(粉)とシード(粒)、お好きな方に変えてもOKです。
- ✘ ほかのスパイスと違って、多めに使っても失敗は少なめです。
- ✘ トマトやフルーツなど甘酸っぱい味と特に相性がいい。
- ✘ 酸味の強い料理が好きな人は、コリアンダーもきっと好き。
- ✘ 爽やかな香りは、クッキーやケーキなどにも使えます。
- ✘ 肉、魚、スイーツ、素材を選ばぬ万能選手で、クミンなどほかのスパイスとミックスしやすいメリットも。

CORIANDER ——— MAGIC OF SPICE

ナッツ × コリアンダー

デュカはナッツとスパイスを合わせた中東の万能調味料。
炒め物やパンに散らしてアレンジして

 まほうのアドバイス　野菜はレタス、きゅうり、オクラなどなんでもOK。紫キャベツやスプラウトなど、色のある野菜を加えるとセンスよく仕上がります。サラダ豆の代わりに、キドニービーンズやひよこ豆で作ってもおいしい。

デュカとジャーサラダ

○世界最古のスパイスといわれるコリアンダー。古代エジプトでは幸福のスパイスとされ、遺体と一緒に葬られました。

✕ 材料（2人分）

〈デュカ〉
- 好みのナッツ
  （アーモンドやカシューナッツなど）……20粒
- コリアンダー(シード)……小さじ1
- 好みでクミン(シード)……小さじ½
- 塩……小さじ¼

〈ドレッシング〉
- 塩……小さじ¼
- レモン汁(または酢)……大さじ1
- オリーブオイル……大さじ1

※野菜の量によって増減してください

〈サラダ〉
- 好みの野菜……適量
- 好みの豆の水煮……適量

✕ 作り方

1. 〈デュカ〉を作る。フライパンにすべての材料を入れ、弱火で香りが立つまでから炒りする。粗熱をとり、包丁で粗く刻むか、すり鉢などで粗くつぶす。
2. 〈ドレッシング〉はよく混ぜ合わせる。
3. 〈サラダ〉を〈ドレッシング〉であえ、器（ジャーや大きなグラス）に盛る。仕上げに〈デュカ〉を散らす。

CORIANDER — MAGIC OF SPICE

まほうのアドバイス

コリアンダーの葉っぱであるパクチーは、相性抜群！たっぷり添えて、一緒に楽しんで。

レモンにトマトにコリアンダー、爽やか尽くしの素材を合わせた夏向きのさっぱり蒸し料理です

白身魚 × コリアンダー

かじきの
レモン蒸し焼き

○紀元前三五〇〇年のメソポタミアの文字盤に、コリアンダーの名が記されているものが出土しています。

✖ 材料（2人分）

かじき(または好みの白身魚)	2切れ
にんにく	1かけ
コリアンダー(シード)	小さじ½〜1
オリーブオイル	大さじ1
白ワイン	100㎖
レモン(輪切り)	2枚
ミニトマト	5〜6個
塩	適量

✖ 作り方

1. かじきは塩を軽くふる。にんにくは薄切りにする。コリアンダーは粗くつぶす(または包丁で刻む)。
2. フライパンにオリーブオイルとにんにくを入れて弱火で炒める。香りが立ったらかじきを加える。
3. 焼き色がついたら裏返してレモン、トマト、白ワインを加え、ふたをして蒸し焼きにする。
4. 塩で味をととのえ、仕上げにコリアンダーを散らす。

白ワイン×コリアンダー

白ワインの優しい酸味と涼やかな香り。シンプルな料理ほど、スパイスのまほうが光ります

夏っぽい料理はコリアンダーの得意ジャンル。ゴーヤだと強すぎるのでズッキーニでアレンジ

コリアンダー×出汁

鶏のコリアンダー白ワイン煮

✗ 材料（2人分）

鶏手羽元肉	6本
かぶ	2個
にんにく	1かけ
オリーブオイル	小さじ1
コリアンダー（シード）	小さじ½～1
白ワイン	100㎖
塩	適量

✗ 作り方

1. 鶏肉は塩を軽くふってよくもみこむ。かぶは葉を少し残し、半分に切る。にんにくは薄切りにする。
2. フライパンにオリーブオイル、にんにくを入れ、弱火で炒める。香りが立ったら鶏肉を加え、焼き色がつくまで焼く。コリアンダーを加え、さらに1分炒める。
3. かぶ、白ワインを加え、ひと煮立ちしたらふたをして10分煮る。
4. ふたを外し、強火でアルコール分を飛ばす。仕上げに塩で味をととのえる。

まほうのアドバイス

どちらの料理もコリアンダーはシードを使わず、パウダーを仕上げにかけてもおいしい。

ズッキーニチャンプルー

✗ 材料（2人分）

豆腐（もめん）	150g
豚バラ薄切り肉	150g
ズッキーニ	1本
溶き卵	1個分
出汁の素（顆粒）	小さじ1
コリアンダー（シード）	小さじ1
かつお節	少々
塩	適量

✗ 作り方

1. 豆腐は水きりする。豚肉はひと口大に切る。ズッキーニは厚めの薄切りにする。
2. フライパン（油はひかない）は中火で熱し、豚肉をこんがり焼く。ズッキーニを加えて強火で炒める。豆腐を加えて炒め合わせる。溶き卵、だしの素を加えてさっと火を通す。塩で味をととのえ、器に盛る。
3. コリアンダーは弱火で約30秒、フライパンでから炒りし、粗くつぶす（または包丁で刻む）。2にかけ、かつお節を散らす。

○コリアンダーは英語、パクチーはタイ語、インドではダニアとも。全て同じものを指しています。

CORIANDER — MAGIC OF SPICE

サバ缶 × コリアンダー

たっぷりの薬味に、さらにコリアンダーをプラスしておいしさUP！サバの脂を引き立ててくれます

サバ缶の冷や汁

✕ 材料（2人分）

サバ缶 …… 1缶(180g)
豆腐(もめん) …… 150g
きゅうり …………… 10cm
オクラ ……………… 2本
みょうが …………… 2本
青じそ ……………… 3枚

A
白すりごま ……… 大さじ1
みそ ……………… 大さじ1
砂糖 ……………… 小さじ2
コリアンダー
　(パウダー)……… 小さじ1
しょうが
　(すりおろし)…… 小さじ1
かつお節 ……… ひとつまみ
水 ………………… 300㎖

✕ 作り方

1　豆腐は水きりする。すり鉢かボウルにサバ缶を缶汁ごと入れ、豆腐、Aを加える。つぶしながら粗くすり混ぜる(フォークの裏でつぶしてもOK)。
2　きゅうり、オクラは輪切りに、しそ、みょうがはせん切りにする。
3　器に1を注いで2を盛り、氷を浮かべる。

まほうのアドバイス

薬味や野菜はお好みで増減して。冷蔵庫でよ〜く冷やして食べて。

> コリアンダー × 牛乳
>
> ミルクにコリアンダーを合わせると、セロリのように清涼感のある香味が広がります

○コリアンダーは中南米ではシラントロ、中国では香菜（xiang cai）と呼ばれます。

ソーセージのミルクスープ

まほうのアドバイス

ブロッコリーのほか、玉ねぎ、じゃがいも、にんじんなど好みの野菜でアレンジしてみて。

✗ 材料（2人分）

ソーセージ	4本	A 牛乳	100mℓ
ブロッコリー	¼株	水	200mℓ
コリアンダー（パウダー）	小さじ½〜1	コンソメ（キューブ）	½〜1個

✗ 作り方

1 ソーセージは切り込みを入れる。ブロッコリーはひと口大に切る。

2 鍋にソーセージとAを入れ、ひと煮立ちさせてから弱火で約5分煮る。ブロッコリーを加え、さらに約2分煮る。

3 食べる直前にコリアンダーをふる。

CORIANDER ── MAGIC OF SPICE

赤唐辛子 × コリアンダー

ヤムウンセンみたいなタイ風のサラダです。
唐辛子の辛みをピリッときかせて味わって

❖ 海老春雨サラダ

✕ 材料（2人分）

海老 ……………………………… 8尾
春雨（乾燥）…………………… 40g
かいわれ大根 ………………… 1パック

〈ドレッシング〉
　ナンプラー（またはしょうゆ）……… 大さじ1
　レモン汁 …………………………… 大さじ1
　砂糖 ………………………………… 大さじ1
　ごま油 ……………………………… 大さじ1
　コリアンダー（パウダー）………… 小さじ1
　赤唐辛子 …………………………… 1本
　にんにく（すりおろし）…………… 1かけ

✕ 作り方

1　海老は殻と背ワタを除いて熱湯で軽くゆでる。春雨は熱湯でゆでる。
2　かいわれ大根は根を切り落とす。
3　〈ドレッシング〉の唐辛子は種を除いて粗くちぎり、混ぜ合わせる。1、2を〈ドレッシング〉であえる。

○コリアンダーはヨーロッパでは駆風薬として使われています。いわゆるガス出しです。

CORIANDER ─── MAGIC OF SPICE

仕上げにコリアンダーをちょい足し！

レシピは次のページ（P056）>>>

ささみ × コリアンダー

アボカドとささみのチリサラダ

仕上げにコリアンダー（パウダー）を混ぜるだけ

✧
まほうのアドバイス
アボカドの皮を器に見立てて盛りつけるとかわいい。

054

◈ 豚のしゃぶしゃぶ梅マヨコリアンダー

マヨネーズ × コリアンダー

食べる直前に
<u>コリアンダー</u>（パウダー）を
散らすだけ

☆ まほうのアドバイス
梅マヨのほか、めんつゆなど、好みのソースにコリアンダーを合わせてみてください。

◈ 焼きトマトのヨーグルトサラダ

ドレッシングに
<u>コリアンダー</u>（パウダー）を
混ぜるだけ

☆ まほうのアドバイス
カラフルなトマトをヘタごと使います。

マヨネーズ × コリアンダー

P054 アボカドとささみのチリサラダ

✕ 材料（2人分）と作り方

1. 鶏ささみ(2本)は耐熱容器にのせ、酒(50ml)をふってラップをふんわりかける。電子レンジ(800W)で2分30秒加熱する。
2. 粗熱をとり、細かくさいてボウルに入れる。
3. アボカド(½個)は皮から実をすくい、ひと口大に切って2に加える。チリソース*またはトマトケチャップ(大さじ1)とコリアンダー(パウダー/小さじ1)を加え、ざっと混ぜる。
  *P085参照

P055 豚のしゃぶしゃぶ 梅マヨコリアンダー

✕ 材料（2人分）と作り方

1. 豚バラ薄切り肉(200g)は熱湯でゆで、水気をきる。
2. 梅干し(2個)はちぎり、種ごとマヨネーズ(大さじ2)、コリアンダー(パウダー/小さじ½〜1)と混ぜ合わせ、1をあえる。

P055 焼きトマトのヨーグルトサラダ

✕ 材料（2人分）と作り方

1. 天板にクッキングペーパーを敷き、ミニトマト(20個前後)をヘタつきのまま並べる。
2. 200℃に熱したオーブンで20分焼く。
3. ドレッシング(プレーンヨーグルト大さじ3、砂糖小さじ1、塩小さじ½)をかけ、コリアンダー(パウダー/小さじ1)をふる。

CORIANDER

CORIANDER — MAGIC OF SPICE

トマトケチャップ × コリアンダー

懐かしい昭和なナポリタンもコリアンダーの
まほうでなんだかモダンな味に仕上がります

コリアンダーナポリタン

○コリアンダーシードを軽く炒り、冷やしてからつぶすと、焙煎香と相まって魅力的な香りになります。

✗ 材料(2人分)

スパゲッティ(乾麺)	200g
バター	10g
(またはサラダ油大さじ1)	
トマトケチャップ	大さじ6
好みで酢	小さじ2
コリアンダー(パウダー)	小さじ2

〈具〉

ソーセージ	6本
玉ねぎ	2個
ピーマン	2個

✗ 作り方

1. スパゲッティは熱湯(2ℓ/分量外)に塩(大さじ1/分量外)を加え、袋の表示通りにゆでる。〈具〉は食べやすい大きさに切る。
2. フライパンにバターを熱し、〈具〉を順に加えて炒める。
3. 火が通ったらケチャップ、酢を加え、弱火で約30秒炒める。
4. スパゲッティを加えて炒め、仕上げにコリアンダーをふる。

ピリッとした辛さのあとに広がるすっきりとしたフレーバー。夏のおつまみ作りに重宝します

ラー油 × コリアンダー

えだ豆ラー油

✕ 材料（2人分）

えだ豆	100g
塩	適量
にんにく	1かけ
ラー油(または食べるラー油)	小さじ1
コリアンダー(シード)	小さじ1

✕ 作り方

1　えだ豆は塩ゆでする。にんにくは薄切りにする。
2　フライパンにラー油、にんにく、えだ豆、コリアンダーを入れ、中火～弱火で2分炒める。仕上げに塩で味をととのえる。

コリアンダー × 酢

旬の野菜を香りよく漬けて
サラダ感覚で楽しんで。
カレーのつけ合わせにもぴったり

 コリアンダー
ピクルス

✕ 材料（作りやすい分量）

好みの野菜 ………………………… 250g
　（にんじん、きゅうり、パプリカ、みょうが、
　かぶ、プチトマトなど）

〈マリネ液〉
　オリーブオイル ………………… 大さじ2
　酢 …………………………………… 大さじ2
　砂糖 ………………………………… 小さじ2
　コリアンダー（シード） ………… 小さじ2
　塩 …………………………………… 小さじ½
　水 …………………………………… 60㎖

✕ 作り方

1　野菜は食べやすい大きさに切る。トマトは
　　皮をむく。清潔な保存容器に入れる。
2　小鍋にマリネ液を合わせ、ひと煮立ちさせる。
　　粗熱がとれたら1に注ぎ、ひと晩以上漬ける。
　　冷蔵庫で保存し、1週間以内に食べきる。

○コリアンダーの精油はアロマセラピーにも使われています。

CORIANDER ●―― MAGIC OF SPICE

蒲焼き × コリアンダー

蒲焼きにコリアンダーをちょっとふるだけでもおいしい。うなぎと山椒のようなベストコンビです

蒲焼き缶のバゲットサンド

✕ 材料（2人分）

いわし(またはさんま)蒲焼き缶 …… 1缶(70g)
コリアンダー(パウダー) ………… ひとつまみ
バゲット ……………………………………… 適量
好みの野菜 …………………………………… 適量
　(玉ねぎ、パクチー、なますなど)

✕ 作り方

1　蒲焼きは、コリアンダーをふる。
2　バゲットは切り込みを入れ、1、好みの野菜をサンドする。缶汁もソースとしてかける。

まほうのアドバイス　ベトナムサンドの「バインミー」風にするなら、大根とにんじんのなますはぜひ。大根(50g)とにんじん(50g)の細切りに、砂糖・酢・水(各大さじ2)、塩(小さじ1)で漬けるだけ。

コリアンダーアヒージョ

✕ 材料(2人分)

オイルサーディン缶 …………… 1缶(120g前後)
コリアンダー(シード) …………………… 小さじ¼
にんにく ………………………………………… 1かけ
赤唐辛子 ………………………………………… 1本
バゲット ………………………………………… 適量
塩 ……………………………………………… 適量

✕ 作り方

1 オイルサーディンは缶のふたを外し、コリアンダー、にんにく、唐辛子を油に浸すように入れる。
2 ガス台に焼き網などをのせて缶を置き、強火でぐつぐつするまで煮る。塩で味をととのえる。バゲットにのせたり、つけたりして食べる。

粒々したシードをかじると、フレッシュな香りが炸裂！白ワインと一緒に飲んでも楽しそう

オイルサーディン × コリアンダー

SPICE COLUMN ── MAGIC OF SPICE

スパイスを科学する

スパイスとひとことで言っても、香る成分や、体に影響する成分はそれぞれ異なります。
ここでは、各スパイスのプロフィールをご紹介します。

クミン
Cuminum cyminum

部位：種子
科：セリ科
原産：エジプト
別名：馬芹、ジーラ
芳香成分：クミンアルデヒド

特徴
最も古くから栽培されているスパイスのひとつで世界各国で愛用。エスニックな香りでインドカレーの主要スパイス。

機能性
抗菌活性、抗がん作用、抗酸化作用、糖尿病抑制作用など。

コリアンダー
Coriandrum sativum

部位：種子
科：セリ科
原産：西アジア
別名：香菜、シラントロ
芳香成分：リナロール

特徴
日本には10世紀ごろに渡来。パクチー(葉)の香り成分はデカナールで、コリアンダーの香りとはまったく異なる。

機能性
消化促進作用、健胃作用、駆風作用(ガスの排出を促進)など。

ターメリック
Curcuma longa

部位：地下根茎
科：ショウガ科
原産：インド
別名：鬱金(ウコン)
黄色い成分：クルクミン

特徴
日本では「鮮やかな黄色」を意味する鬱金と呼ばれる。妊婦の過剰摂取は厳禁。鉄分も多いので鉄過剰の人は注意。

機能性
消化機能改善、胃液分泌促進作用、粘膜保護作用など。

スターアニス
Illicium verum

部位：果実
科：シキミ科
原産：中国西南、ベトナム北部
別名：八角、トウシキミ
精油成分：アネトール

特徴
主に中華料理に使われており、「五香粉」の主要成分でもある。アニスやウイキョウに似た、甘く、よい香りを放つ。

機能性
健胃作用、駆風作用、身体をあたためる作用など。

ナツメグ
Myristica fragrans

部位：仁(種子の内部)
科：ニクズク科
原産：インドネシア・モルッカ諸島原産
別名：ニクズク
芳香成分：サビネン、ミリスリグナン

特徴
独特の甘い芳香を持ち、肉や魚料理の臭い消しに用いられる。過剰摂取で意識障害を起こす。1日の摂取量は3gまで。

機能性
鎮静作用、抗肥満作用。

シナモン
Cinnamomum verum

部位：樹木の内皮
科：クスノキ科
原産：インド西南、スリランカ
別名：桂皮、ニッケイ
芳香成分：シンナムアルデヒド、クマリン

特徴
日本には8世紀前半に伝来。独特の甘い香り。過剰摂取は肝障害につながる恐れがある。1日3g以下の摂取が適切。

機能性
発汗作用、解熱作用、末梢血流量の増加、抗腫瘍など。

煮込みや中華料理にお役立ち

スターアニスの まほう

甘い香りは 中毒性あり!?	長時間加熱しても 香りが飛ばない	油、しょうゆ、 甘いものと仲良し

- 豚の角煮、漬物など、中国・台湾料理に欠かせないスパイスです。
- アジアで使われるミックススパイス「五香粉」に使われています。
- とても主張が強く、一度好きになると中毒的なほど夢中になれるスパイスです。
- パウダー(粉)は特に主張が強く、いつまでも舌に残るので控えめに。
- トマト、にんにく・しょうが、しょうゆ系と特に好相性。
- ココナッツミルク、豆乳料理にもおすすめ。牛乳はちょっと乳臭さが残ります。
- 焦げにくく、長時間煮込んでも香りが飛びません。
- スターアニスのパウダーは、おろし金ですりおろして粉状にしてください(P042参照)。

STAR ANISE ── MAGIC OF SPICE

しいたけ × スターアニス

これは母がよく作ってくれた私の好物です。
なすで作ってもいいし、お弁当にもおすすめ

UFOしいたけ

✖ 材料（2人分）

豚ひき肉	150g
しいたけ	8〜10個
好みでスライスチーズ	適量
しょうゆ	大さじ1
A　しょうが（すりおろし）	小さじ1
スターアニス（パウダー）	小さじ¼
塩	小さじ¼
長ねぎ（みじん切り）	10cm分

✖ 作り方

1. ひき肉にAを加え、よく混ぜる。
2. しいたけは軸を切り落とす。かさに1を詰め、手でぎゅっと押しつける。
3. フライパン（油はひかない）に、2の肉側を下にして並び入れる。中火で3分焼く。
4. 裏返して好みでチーズをのせ、ふたをしてさらに3分焼く。仕上げにしょうゆをまわしかける。

○印度カリー子がスパイスの中で一番好きなスターアニス。東南アジアでは幸運のしるしとされています。

鶏肉の唐辛子炒め

✗ 材料（2人分）

鶏もも肉 …………… 200g	A しょうゆ ……… 大さじ2
長ねぎ ……………… 1本	酒 ………………… 大さじ2
スターアニス ……… 1個	砂糖 ……………… 小さじ1
赤唐辛子 …… 10〜30本	
サラダ油 ………… 大さじ1	

✗ 作り方

1. 鶏肉はひと口大に、長ねぎは5cm長さに切る。
2. フライパンに油とスターアニスを入れ、強火で1分熱する。
3. 鶏肉と唐辛子を加え、中火で肉の色が変わるまで炒める。長ねぎを加えて炒め合わせる。
4. 肉に火が通ったらAを加え、アルコールを飛ばすように炒める。

※唐辛子の種が外に出ると辛くなるので、出ないように炒めてください。
　辛いのが苦手な場合は炒める前に種を除いてください。

豆乳担々麺

✗ 材料（1人分）

豚ひき肉 ……………… 150g	豆乳 ……………… 150ml
にんにく ……………… 1かけ	水 ………………… 150ml
しょうが ……………… 1かけ	中華蒸し麺 ………… 1袋
スターアニス ………… 1個	青菜
サラダ油 …………… 小さじ1	（チンゲン菜など）… 適量
豆板醤（またはみそ）… 大さじ2	白炒りごま ………… 適量
酒 …………………… 大さじ2	塩 …………………… 適量

✗ 作り方

1. にんにく、しょうがはみじん切りにする。鍋に油、スターアニス、にんにく、しょうがを入れ、弱火で1分炒める。
2. 豆板醤、酒、ひき肉を加え、肉の色が変わるまで中火で炒める。
3. 豆乳と水を加えてひと煮立ちさせ、塩で味をととのえる。
4. 麺は袋の表示通りにゆで、ゆでた青菜と一緒に器に盛る。3を注ぎ、ごまを散らす。

赤唐辛子 × スターアニス

四川料理風に唐辛子をどっさり投入!香りのために入れるので、見た目ほど辛くはないです

今回は具だくさんですが、シンプルな普通のラーメンにもスターアニスのまほうは有効です

スターアニス × 豆板醤

STAR ANISE ── MAGIC OF SPICE

スターアニス × バター

アニスって中華なイメージが強いけれど、バターなど洋の料理とも相性がいいんです

スターアニス × トマト

トマトは具ではなく、旨味とコクのために加えます。フレッシュなトマトで作ってもおいしい

あさりのバター スターアニス蒸し

✖ 材料（2人分）

あさり(殻つき) ……20個前後
バター ……………………10g
スターアニス ………………1個

酒 …………………… 100㎖
塩 …………………… 適量

✖ 作り方

1 フライパンにバターを入れてスターアニスをのせ、弱火で1分熱する。
2 あさり、酒を加え、ふたをして中火で3分蒸す。
3 ふたを外し、強火で1分炒めてアルコールを飛ばす。仕上げに塩で味をととのえる。

まほうのアドバイス

油とアニスを熱するときは、いじらず放置。常に油にひたっているようにしましょう。

あじのトマト スターアニス煮

✖ 材料（2人分）

あじ(またはいわし) ……2尾
スターアニス ………………1個
玉ねぎ ………………………1個
にんにく ……………………1かけ
トマト缶 ………… ½缶(200g)
サラダ油 …………………大さじ1
レモン汁 …………………大さじ1

A ｜ 塩 ………… 小さじ1
　｜ 砂糖 ……… 大さじ1
　｜ 水 ………… 150㎖

✖ 作り方

1 玉ねぎは薄切り、にんにくはみじん切りにする。
2 フライパンに油とスターアニスを入れ、強火で1分熱する。にんにくと玉ねぎを加えて中火にし、香りが立つまで炒める。トマト缶を加えて2～3分炒める。
3 あじ、Aを加え、ふたをする。ひと煮立ちしたら弱火で7分、いわしを裏返してさらに7分煮る。
4 仕上げにレモン汁をまわしかける。

〇インフルエンザの抗ウイルス剤・タミフルに使われるシキミ酸を多く含んでいます。日本でもかつては民間薬に使われました。

めんつゆ × スターアニス

めんつゆの構成要素である出汁、甘み、しょうゆ、どれもスターアニスと好相性

しょうゆ × スターアニス

しょうゆとスターアニスは鉄板の組み合わせ。普通のしょうゆの代わりにいろいろ使ってみて

山形だしの冷ややっこ

まほうのアドバイス

できたてでも、ひと晩漬けてもOK。なすや納豆昆布(粘りの出る昆布)を加えても美味。

✕ 材料(2人分)

スターアニス(パウダー)	小さじ1/8
めんつゆ	100ml
きゅうり	1本
みょうが	1本
長ねぎ	10cm
しょうが	1cm

✕ 作り方

1 保存容器にスターアニスとめんつゆを入れて混ぜる。
2 野菜と薬味は好みの大きさにざくざく刻む。1に加えてよく混ぜる。冷蔵庫で保存する。

スターアニスしょうゆ

✕ 材料(作りやすい分量)と作り方

フライパンにごま油(大さじ1)、スターアニス(1個)を入れ、強火で1分熱する。火を止めて3分おき、粗熱がとれたらしょうゆ(100ml)を加えて混ぜる。

焼きもち

✕ 材料(作りやすい分量)と作り方

切りもち(適量)をこんがり焼き、スターアニスしょうゆ(適量)につけて食べる。

まぐろのヅケ

✕ 材料(作りやすい分量)と作り方

まぐろの赤身(100g)は角切りにして、スターアニスしょうゆ(大さじ2)に10分漬ける。好みで薬味を添える。

○スターアニスは防虫効果、口臭除去効果があり、歯磨き粉の香料にも使われています。

STAR ANISE ── MAGIC OF SPICE

しょうゆ × スターアニス

スターアニスといったらコレ、という定番料理。
じっくり煮込んで独特の甘い香りを引き出して

豚の角煮と煮卵

○スターアニスの属名はIllicium　ラテン語で魅惑という意味です。

✕ 材料（2人分）

豚バラかたまり肉……………………500g
ゆで卵………………………………………2個

A｜水……………………………………500㎖
　｜酒……………………………………200㎖
　｜しょうゆ………………………………50㎖
　｜砂糖…………………………………大さじ3
　｜長ねぎ…………………………………1本
　｜長ねぎの青い部分……………………1本分
　｜にんにく(切らない)……………………1かけ
　｜しょうが………………………………1かけ
　｜スターアニス…………………………1個

✕ 作り方

1　豚肉は4〜5cm角に切る。Aの長ねぎは5cm長さに、しょうがは薄切りにする。
2　フライパン(油はひかない)に豚肉を並べ、強火で全部の面にしっかり焼き色をつける。出てきた油はキッチンペーパーでふきとる。
3　Aを加え、ふたをして弱火で40分、肉がやわらかくなるまで煮る。
4　ゆで卵を加え、さらに5分煮る。味がしみるまで数時間ほどおいてもよい。

STAR ANISE ——— MAGIC OF SPICE

市販品にスターアニスを ちょい足し！

チリビーンズ

スターアニスとミートソースを炒めるだけ

まほうのアドバイス

サラダ油とスターアニス、ちぎった赤唐辛子を弱火で1分熱して、ミートソース缶とサラダ豆をさっと炒め合わせて完成。赤唐辛子は種も入れるとより辛くなります。ミートソースを手作りするならP027を参照してください。

ひき肉 × スターアニス

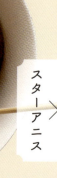

スターアニスたこ焼き

ソース（たこ焼き用）と一緒にスターアニス（パウダー）をかけるだけ

まほうのアドバイス

スターアニスは、お好み焼きや焼きそばなどソース味と相性抜群！ あらゆるソース系の料理にちょい足ししてみて。

ソース × スターアニス

STAR ANISE

スターアニス フレンチトースト

✖ 材料(2人分)

食パン(6枚切り)……………………………… 2枚
バター ………………………………………… 10g
好みのトッピング(ベリーやナッツ)…………… 適量

〈アパレイユ〉
　卵 …………………………………………… 1個
　牛乳 ……………………………………… 100㎖
　砂糖 ……………………………………… 大さじ2
　スターアニス(パウダー)……………… 小さじ⅛〜¼
　好みで塩 ………………………………… ひとつまみ

✖ 作り方

1　ボウルに〈アパレイユ〉を入れて混ぜ合わせる。
2　パンはラップをせずに電子レンジ(800W)で10秒温める。温かいうちに1に5分ひたす。
3　フライパンにバターを中火で熱し、2の両面をこんがり焼く。器に盛り、トッピングを散らす。

❖ クッキーアイス

✖ 材料(1人分)と作り方

バニラアイス(1カップ)に砕いた好みのクッキー(1枚)、スターアニス(パウダー/小さじ⅛〜¼)を混ぜる。

まほうのアドバイス

アニスはアパレイユに混ぜても、仕上げにかけてもお好みでどうぞ。
かたくなったバゲットやパンをアパレイユにひたし、冷蔵庫にひと晩おいてから焼くのもおすすめ。

❖ もも缶コンポート

✖ 材料(作りやすい分量)と作り方

鍋にスターアニス(1個)、もも缶(1缶/400g前後)を缶汁ごと入れて火にかけ、沸騰したら弱火で5分煮る。粗熱がとれたら冷蔵庫で冷やす。

乳製品 × スターアニス

フレンチトーストにバニラアイス、生クリームなど、乳製品とアニスは大の仲よし

フルーツ缶 × スターアニス

アニスをポンと入れて煮るだけ。とても手をかけた味になるから、たまらない

SPICE COLUMN ── MAGIC OF SPICE

スパイスは昔から重宝されてきた

私は現在、日常的に食べている食品が、身体にどのような影響(健康効果)があるかという「健康栄養学」を研究しています。ここではスパイスの機能の一部をご紹介します。

✦ なぜ私たちはスパイスを使うのか

スパイスには、肉や米のように生きるために必要な栄養はありません。ではなぜ、人類は古くからスパイスを用いてきたのでしょうか。一番大きな理由は、その非日常的な香り。パンや肉を焼いたときの香り(メイラード反応)とは異なるベクトルの、鮮烈で刺激的な香りにあります。

スパイスの香りは食欲をわかせ、料理に変化をもたらしてくれます。甘ったるい蒲焼きに山椒をふるだけで食欲が増し、淡白なそうめんもしょうがやしそを添えるとよりおいしく食べられます。スパイスも同じ。目玉焼きやサラダなど食べ飽きた食材も、スパイスひとつを加えるだけで違った印象の料理になり、新鮮さが増して楽しくなります。人間は頭が大きい分、脳を使って食事をしているということがよく分かります。

✦ スパイスの機能性

古くからスパイスは民間療法的に使用されてきました。医学の始まりといわれているギリシャでは、紀元前400年ごろにはすでに400種類もの香辛料や薬草を使って人々の治癒に利用していました。古代インドでは紀元前11世紀ごろからアーユルヴェーダという自然治癒的な療法が始まり、ヒハツ(長コショウ)をよく利用していたそうです。私も肥満防止のために、いくつかのスパイスを混合したものを、毎日欠かさず摂取しています。

スパイスの高い機能性が現代科学で判明されてきており、その魅力を新たに再認識し始めています。主には、高い抗酸化作用、抗がん性などが見つかっています。現在私は、大学院で「香辛料と脂肪細胞の関係性について」の研究をしています。

スパイスの主な役わり

風味(おいしさ)
色
香り
刺激(辛み)
テクスチャー(とろみづけなど)
機能性(健康効果)

✦ 金銀と同じ価値とされた時代も

昔から重宝されていた理由に、高い抗菌性、防腐性、防虫性も上げられます。冷蔵庫のなかった時代、人類にとって食料の保存は大きな課題でした。面白いことに、かつてヨーロッパでは「香辛料で食品が長持ちするわけがない、香りでごまかしているだけだ」と言って、スパイスで調理された食品の販売が禁止されたことも。また、古代エジプトではミイラの防腐処理にコリアンダーが使われ、東南アジアではスターアニスが魔除け(おそらく防虫が由来)として使われたそう。スパイスの幅広い可能性と魅力に、人類は完全に魅了されてきました。あるときは金銀と同じ価値で取り引きされ、あるときはそれらを巡って戦争を起こしたくらいです。

色もきれいでカレーに欠かせない

ターメリックの まほう
― TURMERIC ―

 鮮やかな 黄色に染まる

 口あたりが マイルドになる

 ほっこり 土っぽい香り

- カレーの主要材料でもあり、カレー粉＝ターメリックと思ってもいいくらい。
- 魚や肉の臭み消しになります。風味がよくなるので、お弁当のおかずにもおすすめです。
- 料理を黄色く染めるので、着色のために使うのも楽しいです。
- いい意味で土臭い、優しい香り。
- みそやしょうゆ、発酵調味料と好相性。
- マヨネーズや豆乳、油脂の多い食材をおいしくしてくれます。
- 冷たい料理に使うと臭みを感じるので、いったん加熱しましょう。
- スパイスとして料理に使うときは、パウダー(粉)を使います。

TURMERIC — MAGIC OF SPICE

ターメリック × 小麦粉

ターメリック入りの生地をクレープ風に薄焼きに。卵焼きより鮮やかな黄色が食欲をそそります

まほうのアドバイス

余ったココナッツミルクは冷凍保存できます。ミルクの代わりに同量の豆乳を使ってもOK。パクチーなどのトッピングでアジアンなひと皿に仕上げ、お好みでこしょうやライムをかけて味わって。

もちもちバインセオ風

✕ 材料(2人分)

豚こま切れ肉	100g
塩、こしょう	各少々
にら	1束
サラダ油	小さじ1
チリソース(P085参照)	適量
(またはトマトケチャップ)	

〈生地〉
ココナッツミルク	100㎖
水	100㎖
小麦粉	大さじ4
片栗粉	大さじ4
ターメリック	小さじ½
塩	小さじ¼

✕ 作り方

1. 豚肉は塩、こしょうをふる。にらは小口切りにする。
2. 〈生地〉はなめらかになるまで泡立て器でよく混ぜる。
3. フライパンに油を薄く塗り、中火で熱する。生地の半量を流し入れ、1の半量を生地にのせる。ふたをして3分焼く。
4. ふたを外し、水分を飛ばすようにさらに3分焼く。半分(半月状)にたたんで器に盛る。
5. 残りの半量も同様に作る。チリソースをかける。

○ターメリックの黄色の成分「クルクミン」は、抗酸化作用が高く、アンチエイジングなど諸症状の効果が期待され、研究が進んでいます。

TURMERIC — MAGIC OF SPICE

モンゴルの定番料理で羊肉で作っても
おいしい。自家製チリソースはぜひ
作って欲しいおすすめのレシピです

ターメリック × 餃子

ネパール餃子風モモ

✕ 材料（2人分）

餃子の皮…20枚

〈チリソース〉
- トマト缶……………… 200g
- にんにく……………… 3かけ
- 赤唐辛子……………… 5本
- サラダ油 ………… 大さじ3
- 砂糖 ……………… 小さじ1
- 塩 ………………… 小さじ1

〈肉だね〉
- 鶏ひき肉(もも肉)…… 200g
- 玉ねぎ………………… ½個
- パクチー ……………… 1株
- にんにく……………… 1かけ
- しょうが……………… 1かけ
- 塩 ………………… 小さじ1
- しょうゆ………… 小さじ1
- ターメリック……… 小さじ½
- 好みでクミン……… 小さじ½
- こしょう…………… 小さじ½

✕ 作り方

1. 〈チリソース〉のにんにくはみじん切りに、唐辛子は種を除いて粗くちぎる。フライパンに油を中火で熱し、にんにく、唐辛子を炒める。香りが立ったら残りの材料をすべて加え、軽く煮詰める。ミキサーでなめらかになるまでかくはんする。
2. 〈肉だね〉の野菜と薬味はすべてみじん切りにする。すべての材料を混ぜ合わせる。
3. 餃子の皮で2を包む。蒸気の立った蒸し器で10分、弱火で蒸す。チリソースをつけて食べる。

○ ターメリックには春ウコン、秋ウコンがあります。カレーによく使われるのは秋ウコンです。

TURMERIC — MAGIC OF SPICE

水菜の黄色和え

白和え × ターメリック

ターメリックで染めた
黄色い白和え

✖ 材料(2人分)と作り方

1. 豆腐(絹ごし/150g)は耐熱皿にのせ、ラップをしないで電子レンジ(800W)で30秒加熱して5分おき、水きりする。ターメリック(小さじ⅛)と、みそ・砂糖・白すりごま(各小さじ1)を混ぜ合わせる。
2. 水菜(1株)は1〜3cm長さに切る。1を加えてざっくりあえる。好みでピンクペッパーを飾る。

ジャーマンポテト

じゃがいも × ターメリック

見た目も味も
ひと手間かけた風

✕ 材料（2人分）と作り方

1. じゃがいも（小3個）、ソーセージ（3本）はせん切りにする。
2. フライパンにサラダ油（小さじ1）と、にんにく（1かけ/みじん切り）を中火で熱する。香りが立ったら1、塩・ターメリック（各小さじ¼）を加え、約1分炒める。
3. 仕上げに粗びき黒こしょう（少々）をふる。

うずら卵のアチャール

酢漬け × ターメリック

インド風のピクルス。
お弁当にもおすすめ

✕ 材料（作りやすい分量）と作り方

1. にんにく・しょうが（各1かけ）は薄切りにする。小鍋にサラダ油（大さじ3）、好みで赤唐辛子（1本）を入れ、弱火で炒める。
2. 香りが立ってきたら、酢（大さじ3）、塩・砂糖（各小さじ½）、ターメリック（小さじ⅛）を加えて強火にし、ひと煮立ちさせる。
3. うずらの卵（水煮/10個）を加え、弱火で2〜3分加熱する。酸の強い香りが消えたら火を止め、粗熱をとる。冷蔵庫で保存し、1週間以内に食べきる。

TURMERIC ── MAGIC OF SPICE

ココナッツミルク × ターメリック

南インドではココナッツとターメリックを使ったカレーがよく食べられています

豚肉とキャベツのココナッツ蒸し

✗ 材料（2人分）

豚肩ロースかたまり肉 … 300g	A ココナッツミルク …… 100mℓ
塩 …………………………… 少々	水 ……………………… 200mℓ
キャベツ ………………… ¼玉	ターメリック … 小さじ⅛〜¼
にんにく ………………… 1かけ	塩 …………………… 小さじ1
しょうが ………………… 1かけ	
サラダ油 ……………… 大さじ1	粗びき黒こしょう ………… 少々

✗ 作り方

1. 豚肉は4等分に切り、塩を軽くふる。キャベツは4〜8等分のくし形に切る。にんにく、しょうがはみじん切りにする。
2. 鍋に油、にんにく、しょうがを入れて中火で熱し、香りが立ったら豚肉を加えて焼き色がつくまで焼く。
3. キャベツ、Aを順に加える。ふたをして10分蒸し煮し、仕上げにこしょうをふる。

カレーのときは具を加えずに、ターメリックと米だけ炊いてもいいでしょう。色も香りも最高です

ごはん × ターメリック

パエリアみたいな ターメリックライス

✗ 材料（2合分）

米	2合（360mℓ）
水	2合（360mℓ）
シーフードミックス	100g
バター	10g
コンソメ（キューブ）	1個
ターメリック	小さじ⅛〜¼
好みでパセリ	少々

✗ 作り方

1 米は水で洗ってザルに上げ、水気をきる。
2 炊飯器の内釜に米、分量の水を入れ、残りの材料をすべて加えて炊く。
3 好みでパセリのみじん切りを散らす。

○黄色くない紫ウコンも存在し、中国やインドの医療で使われます。

仕上げに**ターメリック**を ちょい足し！

ターメリックおでん

おでんの煮汁に **ターメリック**を 混ぜるだけ

まほうのアドバイス

市販のおでんを温めなおすときに、ターメリックを混ぜてください。1人分、小さじ1/8が目安です。

ターメリック × 出汁

手羽先のカリカリ焼き

ターメリック × 手羽先

手羽先に<mark>ターメリック</mark>を塗り、塩、こしょうして焼くだけ

まほうのアドバイス

鶏手羽先6個に対し、ターメリック(パウダー)は小さじ¼ぐらいが目安です。塩、こしょうして出てきた水分はふきとり、片栗粉をまぶすとカリカリ感がUP。ごま油をひいたフライパンを熱し、中に火が通るまで裏表を中火で焼きましょう。

ターメリックのいか焼き

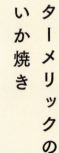

ターメリック × いか

いかに<mark>ターメリック</mark>を塗って焼き、しょうゆをかけるだけ

まほうのアドバイス

いか1ぱいに対し、ターメリックはひとつまみぐらいでOK。
ごま油をひいたフライパンで、裏表30秒ずつ弱火～中火で焼きましょう。
仕上げにしょうゆをまわしかけ、レモンをしぼって食べるとおいしい。

TURMERIC ——— MAGIC OF SPICE

TURMERIC

おいものきんとん風ラドゥ

✕ 材料（2人分）

さつまいも
　（正味）… 200g

〈シロップ〉
ターメリック … 小さじ¼
砂糖 ………… 大さじ3
みりん ……… 大さじ1
水 …………… 100㎖

✕ 作り方

1. さつまいもは皮を厚くむいて200gを計量する。1cm大に切り、水に1時間つける。熱湯で約5分、やわらかくなるまでゆでる。
2. ザルに1をあけて水気をきる。ボウルに入れ、よくつぶす。
3. 鍋に〈シロップ〉を入れ、強火で1分加熱する。2にかけ、スプーンなどでよく混ぜる。
4. 粗熱がとれたら団子状に丸める。

まほうのアドバイス

さつまいもは粗くても細かくつぶしてもOK。好みでレーズンを混ぜたり、カシューナッツをのせたり、ココナッツファインやごまをまぶしてもおいしい。

インドスイーツのラドゥをイメージして作りました。優しい甘さでヘルシーなお菓子です

きんとん × ターメリック

バナナの黄色いパウンドケーキ

✗ 材料(1台分)

バナナ	2本
バター	60g
砂糖	70g
溶き卵	2個分
小麦粉	150g
ベーキングパウダー	小さじ½
ターメリック	小さじ½

※パウンドケーキ型は7.5×5.5×17cmを使用
※バターは有塩を使用(食塩不使用でもOK)

✗ 作り方

1. バターは常温にもどす。バナナ1本はフォークの背で粗くつぶす。残りの1本は乱切りにする。
2. ボウルにバターを入れ、白っぽくなるまで泡立て器で混ぜる。砂糖を加えてすり混ぜる。
3. 溶き卵を3回に分けて加え、そのつど混ぜる(一度に加えると分離するので注意)。
4. 小麦粉とベーキングパウダーを合わせてふるい入れる。ターメリックも加え、ゴムべらでさっくり混ぜる。1のつぶしたバナナを加えて軽く混ぜる。
5. パウンドケーキ型にクッキングシートを敷き、4を流し入れる。トントンと型を作業台に打ちつけ、空気を抜く。1の乱切りにしたバナナをのせる。
6. 170℃に温めたオーブンで40分焼く。

色鮮やかな黄色に染めてくれるターメリックは、粉ものスイーツでも大活躍。おもてなしにも！

焼き菓子 × ターメリック

スパイスの保存と扱い方

香りがいのちのスパイス。できれば新鮮なほど、いいまほうが使えます。
いつまでに使いきれば香りを楽しめるのか、保管場所などを要チェック!

✦ スパイスはどこに保存する?

スパイスは腐ってしまうことはありませんが、香りも色も劣化していきます。劣化の最大の原因は「高い温度」「湿度」「空気」です。密閉容器にスパイスを入れ、光の届かない戸棚などで保存しましょう。冷蔵庫や冷凍庫で保存すれば日持ちするのでは?と考えがちですが、あまり意味はありません。かえって使うときに出し入れするうちに、温度差で湿気が発生し、カビなどの原因になってしまいます。

◎	密閉容器、密閉袋、暗所(戸棚など)
○	すずしい常温
△	冷蔵庫、冷凍庫
×	直射日光、高温、多湿

✦ スパイスを使うときの注意点

蒸気の立った鍋に、保存容器から直接スパイスをふり入れるのは厳禁です。ついやってしまいがちですが、容器の口に蒸気が入り込み、一瞬でスパイスを湿気らせてしまいます。いったんスパイスをお皿に出してすくうか、スプーンにとって鍋に投入しましょう。

✦ スパイスはいつまで使える?

正しい場所に保存しておけば、ホールスパイスは何年でも持ってくれます。パウダースパイスは劣化が早く、ひと夏を越したら香りが飛んでしまうと思った方がいいでしょう。フライパンでスパイスを弱火でから炒りして、香りが立ってこなかったら変えどきです。たまにしかスパイスを使わない人は、ホールを購入して、包丁で刻んだり、ミルでパウダー状にしたりして使うのがおすすめ。

	夏	1年	5年	10年
ホールスパイス				→
パウダースパイス	→			

スパイス用のステンレス製のすり鉢。粗くつぶしたいときにも重宝します。

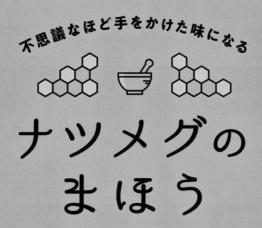

不思議なほど手をかけた味になる

ナツメグの まほう
―― NUTMEG ――

フレンチや洋食に
ぴったり

ちょっとリッチな
味に昇格

臭みを消して
ほんのり甘く香る

- バターやコンソメ、洋食全般にオールマイティに使えます。
- ひとふりで味をワンランクアップさせてくれます。
- 肉や魚の臭みを消し、旨味を引き立ててくれます。
- 淡白な食材より、コクやクセのある食材が向いています。
- 香りをしっかりきかせたいときはホール(粒)のナツメグを、おろし金ですって使うといいでしょう。
- アップルパイやチョコレートなど、スイーツにも使います。
- 使いすぎると苦くなり、体への影響も悪いのでほどほどに。
- この本ではすべてパウダー(粉)を使用しています。

NUTMEG — MAGIC OF SPICE

ナツメグ × コンソメ

ナツメグのまほうを最も発揮できるのは
フレンチや洋食。コンソメとの相性は格別です

まほうのアドバイス

バターが苦手な場合は、
サラダ油にチェンジしても。

鮭のコンソメクリーム煮

✕ 材料（2人分）

サーモン	2切れ
ほうれん草	2株
玉ねぎ	1個
バター	10g
コンソメ(キューブ)	½個
水	150㎖
牛乳	100㎖
塩	適量
ナツメグ	小さじ⅛〜¼

✕ 作り方

1. サーモンは塩を軽くふる。ほうれん草は5〜6cm長さに、玉ねぎは薄切りにする。
2. フライパンにバター、玉ねぎを入れ、中火で1分炒める。
3. 分量の水、コンソメ、サーモンを加えて煮立たせ、ふたをして弱火で5分煮る。サーモンを裏返し、ふたをしてさらに3分煮る。
4. 牛乳とほうれん草を加え、ひと煮立ちしたら塩で味をととのえる。仕上げにナツメグをふる。

○ナツメグの周りを取り囲む仮種皮は、メースという別のスパイスに利用されます。高級なスパイスとして扱われています。

鶏手羽元のケチャップソテー

✗ 材料(2人分)

鶏手羽元肉 ……… 6本
サラダ油 …… 大さじ1

〈下味〉
ナツメグ ……………… 小さじ½
にんにく(すりおろし)… 小さじ1
トマトケチャップ ……… 大さじ1
赤ワイン ………………… 大さじ1
しょうゆ ………………… 大さじ1

✗ 作り方

1. 鶏肉は〈下味〉をからめ、10分以上つける(ひと晩つけてもOK)。
2. フライパンに油を中火で熱し、鶏肉をこんがり焼き色がつくまで焼く。弱火にしてふたをし、10分蒸し焼きにする。

まほうのアドバイス

ナツメグは下味に加えず、食べる直前にふってもおいしい。鶏肉を焼いている途中に、大きめに切ったトマトを加えて一緒に焼き、つけ合わせにしても。

トマトケチャップ × ナツメグ

単調な味になりがちなケチャップも、ワンランク上の味わいに

ラー油 × ナツメグ

ラー油とナッツ、異質なものを
まとめてくれるナツメグのまほう

おつまみたこラー油

✕ 材料（2人分）

ゆでたこ(刺身用)	100g
ミックスナッツ	10粒前後
ラー油	小さじ2
ナツメグ	小さじ1
塩	適量

✕ 作り方

1 たこはそぎ切りにして器に盛る。
2 フライパンでナッツをから炒りする。包丁で粗く刻み、1に散らす。
3 ラー油、ナツメグをかける。仕上げに塩で味をととのえる。

○ナツメグの精油成分には鎮静作用があるとされています。

NUTMEG ——— MAGIC OF SPICE

定番料理に ナツメグ を
ちょい足し！

レシピは次のページ（P104）>>>

ナツメグ × 卵

※ ナツメグオムレツ

卵に ナツメグ を混ぜて焼くだけ

✧ まほうのアドバイス
卵2個に対し、ナツメグ小さじ1/10〜1/8が目安です。ナツメグは溶き卵に混ぜず、仕上げにふってもおいしい。

ふんわりハンバーグ

ひき肉 × ナツメグ

肉だねに **ナツメグ** を混ぜて焼くだけ

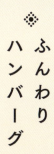

まほうのアドバイス
2人分の肉だね（ひき肉250gぐらい）に対し、ナツメグ小さじ1/8が目安です。

ナツメグシーザーサラダ

ドレッシング × ナツメグ

ドレッシングに **ナツメグ** を混ぜてかけるだけ

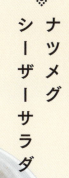

まほうのアドバイス
市販のシーザーサラダのドレッシング大さじ3に対し、ナツメグ小さじ1/8〜1/4が目安です。
ナツメグはドレッシングに混ぜず、サラダに直接ふってもOK。

P102

ナツメグオムレツ

✄ 材料(1人分)と作り方

1. ボウルに卵(2個)を溶きほぐし、塩(ひとつまみ)、ナツメグ(小さじ1/10〜1/8)を加えて混ぜる。
2. フライパンにバター(10g)を熱し、1を注いでオムレツを焼く。
3. 器に盛り、好みでトマトケチャップ、つけ合わせ(各適量)を添える。

P103

ふんわりハンバーグ

✄ 材料(2人分)と作り方

1. 玉ねぎ(小1個)はみじん切りにし、電子レンジ(800W)でラップをかけずに30秒加熱する。粗熱をとる。
2. ボウルに合いびき肉(250g)、1、ナツメグ(小さじ1/8)、パン粉(大さじ2)、マヨネーズ(大さじ1)、塩(小さじ1)、こしょう(小さじ1/2)を合わせ、練り混ぜる。空気を抜いて丸く形を整える。
3. フライパンにサラダ油(小さじ1)を熱し、2を中火で2分焼く。好みのつけ合わせも一緒に焼く。肉を裏返してふたし、弱火で10分蒸し焼きにして器に盛る。
4. 3のフライパンに残った肉汁でにんにく(1かけ/みじん切り)を1分炒め、しょうゆ(大さじ1)、パセリ(少々/みじん切り)を加えて3にかける。

P103

ナツメグシーザーサラダ

✄ 材料(2人分)と作り方

1. レタスの葉(4枚前後)は水にひたしてシャキッとさせる。水気をふき、手でちぎって器に盛る。
2. ベーコン(2枚)はひと口大に切って、フライパンでカリカリになるまで焼き、クルトン(少々)とともに1に散らす。
3. シーザーサラダ用ドレッシング(市販品/大さじ3)にナツメグ(小さじ1/8〜1/4)を混ぜ、2にかける。

米からではなく、ごはんを使って簡単にアレンジしたリゾット風。たっぷりトマトがいい感じ

トマト × ナツメグ

トマトと海老の洋風雑炊

✖ 材料（1人分）

A
- ごはん……………1膳分
- トマト缶……200g(½缶)
- 水………………100㎖
- コンソメ(キューブ)…½個

- 海老………………3〜5尾
- バター………………5g
- ナツメグ………小さじ¼
- 塩…………………適量
- 粉チーズ……………少々
- 好みでパセリ(みじん切り)…少々

✖ 作り方

1. フライパンにAを入れて熱し、煮立ったら弱火にして10分煮る。
2. 海老は殻と背ワタを除いて1に加え、ふたをして弱火で2分煮る。
3. バターを加えてナツメグをふり、塩で味をととのえる。粉チーズをふり、好みでパセリを散らす。

まほうのアドバイス　トマト缶の代わりに生のトマト2個を使っても作れます。

ナツメグ × 豆乳

明太子にナツメグ!?といぶかることなかれ。これまたクセになりそうな新しいおいしさです

豆乳明太子うどん

✗ 材料（1人分）

うどん(生麺) ……………… 1玉
辛子明太子 ………… ¼〜½腹
ナツメグ ………… 小さじ¼〜½
好みで白炒りごま ………… 少々

A　豆乳 ……………… 200㎖
　　水 ………………… 200㎖
　　コンソメ(キューブ)… ½個

✗ 作り方

1. うどんは袋の表示通りにゆでる。鍋にAを入れてひと煮立ちさせ、うどんを加える。麺が温まったら器に盛る。
2. 明太子はほぐして1にのせ、ナツメグ、好みでごまをふる。

まほうのアドバイス　　細ねぎや三つ葉など香味野菜を豆乳と一緒に煮ると、彩りがアップします。

○ナツメグは10m以上の大木に成長。アーユルヴェーダにも利用されます。

NUTMEG ——— MAGIC OF SPICE

乳製品はもちろん、はちみつとの相性のよさも知って欲しい、朝におすすめのひと皿です

ヨーグルト × ナツメグ

クリームチーズ × ナツメグ

子供のころ母がよく作ってくれたおやつです。市販のクッキーがおもてなしスイーツに早変わり

ナツメグヨーグルトのグラノーラ

✖ 材料（1人分）

プレーンヨーグルト	100g
グラノーラ	大さじ2
ナツメグ	小さじ⅛〜¼
はちみつ	適量

✖ 作り方

1. 器にヨーグルトを盛り、グラノーラを散らす。
2. はちみつ、ナツメグをかける。

ナツメグクッキーケーキ

✖ 材料（作りやすい分量）

チョコレート	20g
クリームチーズ	40g
ナツメグ	小さじ¼
クッキー	5枚

✖ 作り方

1. チョコレートは砕いて耐熱容器に入れ、ラップをかけずに電子レンジ（800W）で30秒加熱する。
2. クリームチーズ、ナツメグを加え、練り混ぜる。
3. 全てのクッキーに2を塗り、5枚重ねる。残った2を全体にぬる。

まほうのアドバイス

チョコのほかに、ジャムで作ってもおいしい。写真は、ブルーベリージャム20gをチョコの代わりに使ったケーキ。ジャムの場合、作り方1の加熱は省いてOK。

○ ナツメグは過剰摂取をすると、意識障害が出たり幻覚を見たりします。

スパイスQ&A

まだまだ日本の食卓にはなじみのないスパイス。私のサイトにも日々、素朴な疑問が寄せられてきています。ここでは、よくある質問にお応えしました。

 スパイスはそのまま食べていいの？ 12:30

 スターアニスやシナモンスティックなど、かたいものは調理の最後か、食べるときに取り除いて。それ以外は食べられます。
既読 12:35

 スパイスの香りがしなくなってしまいました。 12:40

夏場など気温が高いときや、湿気がある状態で保存していると香りが飛んでしまうことが多いです。
既読 12:43

特に、パウダースパイスは香りが飛びやすいです。
既読 12:44

弱火で30秒ほどフライパンでから炒りしても、いい香りがしなかったら買い替えどきです。
既読 12:46

 調理中、ホールスパイスが焦げてしまいました。 12:50

 焦げたスパイスは、汁気がある料理だと浮いてくるので取り除きましょう。最初の段階ならもう一度やり直した方がよいかもしれません。
既読 12:53

慣れないうちは、ホールスパイスを加えてから次のステップに行くまでの準備をしてから調理を始めましょう。
既読 12:55

 あまりいい香りだと思えないスパイスがあります…。 13:10

 スパイスは香水みたいなもの。よい香りと感じるもの、感じないものはそれぞれ個人差があります。
既読 13:15

実は、私は最初、ほとんどのスパイスが苦手でした。レシピより少し控えめに加えたり、体調が良い時に使ってみたりしていたら、いつの間にか好きになっていました。
既読 13:20

苦手だと感じる香りも少しずつ慣れてくれば、徐々に好きになります。
既読 13:22

 ありがとうございました！ 13:25

甘いような華やかな香りが広がる

シナモンの まほう

―― CINNAMON ――

香り高い　　　　清涼感のある　　　料理から洋菓子、
スパイスの王様　甘辛い香り　　　　お酒まで！

- 甘いようで辛いような独特の香りは、作る料理を選びません。
- トマトベースの料理やシチュー、ひき肉とよく合います。
- インドのカレーには、スティック状のシナモンをよく使っています。
- 油ととても相性がいいので、シナモンスティックを弱火の油でじくじく熱してから使うといいでしょう。
- すぐ食べるもの、冷たいお菓子や料理には、パウダー(粉)を使ってください。
- シナモンはセイロンシナモンとカシアの2種類が主流で、カシアの方が香りは強いです。
- クリスマスなど、イベントの伝統食にもよく使われています。

CINNAMON — MAGIC OF SPICE

はちみつ × シナモン

スイーツのような組み合わせですが、鶏や豚など肉料理に、マカロニサラダやリンゴサラダなど、いろいろと応用できます

ハニーシナモンの蒸し焼きチキン

✖ 材料（2人分）

鶏むね肉……1枚（400g）
サラダ油………大さじ1

〈下味〉
　白ワイン………大さじ1
　はちみつ………大さじ1
　塩………………小さじ1
　シナモン
　（パウダー）…小さじ½

✖ 作り方

1　鶏肉は皮めにフォークで数か所穴を開け、〈下味〉に30分〜ひと晩つける。
2　フライパンに油を中火で熱し、鶏肉の皮めから焼く。
3　こんがり焼き色がついたら裏返す。ふたをして、弱火で約20分、蒸し焼きにする。

まほうのアドバイス

シナモンは〈下味〉に混ぜず、仕上げにふってもおいしい。

シナモンマカロニサラダ

✖ 材料（2人分）

マカロニ（乾燥）…60g
好みのチーズ……20g
きゅうり…………½本
ミニトマト………3個
ハム………………2枚

A
　マヨネーズ……大さじ2
　はちみつ………小さじ1
　シナモン
　（パウダー）…小さじ¼

✖ 作り方

1　マカロニは熱湯（500㎖／分量外）に塩・サラダ油（各小さじ½／分量外）を加えてゆで、水気をきる。
2　きゅうり、トマト、ハム、チーズは食べやすい大きさに切る。
3　1、2にAを合わせ、よくあえる。

○シナモンスティックは収穫後、職人たちが皮をむいて手で巻いていきます。

CINNAMON — MAGIC OF SPICE

牛肉とチンゲン菜の オイスターソース炒め

✗ 材料（2人分）

牛肉（焼肉用）……… 200g	ごま油…………… 大さじ1
チンゲン菜 …………… 1株	オイスターソース…… 大さじ1
にんにく ……………… 1かけ	酒 ………………… 大さじ1
好みで糸唐辛子……… 少々	シナモン （パウダー）… 小さじ¼〜½

✗ 作り方

1. チンゲン菜は食べやすい大きさに切る。にんにくは粗みじん切りにする。
2. フライパンにごま油とにんにくを入れて中火で熱し、香りが立ったら牛肉の両面を焼く。
3. オイスターソース、酒を加えて軽く炒める。チンゲン菜を加えてふたをし、1〜2分蒸す。ふたを外してシナモンを加え、混ぜ合わせる。好みで糸唐辛子を添える。

シナモン × 牛肉

牛肉のクセのある香りをマスキングして風味よく仕上げてくれる。それもまほうの効能です

シナモン × 甘酢

シナモンは洋にも中華にもインドにもふれる、便利なスパイス。いろいろな表情を楽しんで

シナモン酢豚

✕ 材料（2人分）

玉ねぎ ……………………… 1個
にんじん …………………… ½本
ピーマン …………………… 2個
豚肩ロースかたまり肉… 250g
塩 …………………………… 少々
片栗粉 ……………………… 大さじ1
サラダ油 …………………… 大さじ1
シナモン（スティック）……… 1本

〈合わせ調味料〉
トマトケチャップ…… 大さじ1
しょうゆ …………… 大さじ1
酒 …………………… 大さじ1
酢 …………………… 大さじ1
砂糖 ………………… 小さじ1

✕ 作り方

1. 野菜はすべて輪切りにする。豚肉はひと口大に切って塩、片栗粉を順にまぶす。
2. フライパンに油とシナモンを入れ、中火で1分熱する。豚肉を加え、強火で表面を焦がすように焼く。
3. 玉ねぎ、にんじんを加えて炒め合わせる。ピーマンを加えてざっと炒める。
4. 〈合わせ調味料〉を加え、全体にからめながら炒め合わせる。

○ インド産のローリエ（ベイリーフ）は、シナモンの葉を使います。

赤ワイン × シナモン

ヨーロッパではシナモン入りのホットワインを飲むなど、赤ワインとの相性は至上の組み合わせ

鶏肉と玉ねぎの赤ワイン煮

まほうのアドバイス

小玉ねぎや赤玉ねぎを使うと、ちょっとしゃれたひと皿に仕上がります。

✕ 材料（2人分）

鶏もも骨つき肉……2本	サラダ油………大さじ1
塩………………小さじ2	シナモン（スティック）…1本
粗びき黒こしょう……少々	赤ワイン………100mℓ
玉ねぎ……………1個	水……………100mℓ
にんにく…………1かけ	

✕ 作り方

1　鶏肉は塩、こしょうをまぶす。玉ねぎは食べやすい大きさに、にんにくはみじん切りにする。

2　フライパンに油とシナモンを入れ、中火で1分熱する。にんにくを加え、香りが立つまで炒める。

3　鶏肉を皮めから入れて焼きつける。玉ねぎを加えて焼く。赤ワイン、分量の水を加えてふたをし、煮立ったら弱火で10分煮る。

ココナッツミルク × シナモン

スリランカ風のスープにもなる煮込み。かぼちゃの甘さを、甘い香りのシナモンが際立たせます

かぼちゃのココナッツ煮込み

まほうのアドバイス

シナモンは、スティックがなければパウダー小さじ¼を使っても。ココナッツミルク＋水は、牛乳200mlでも代用可。

✕ 材料（2人分）

かぼちゃ	250g
ココナッツミルク	100ml
水	100ml
シナモン（スティック）	½本
砂糖	大さじ2
塩	ひとつまみ

✕ 作り方

1. かぼちゃは大きめのひと口大に切って鍋に入れる。
2. ココナッツミルク、分量の水、シナモンを加えて火にかける。ひと煮立ちさせてから、弱火で約10分、かぼちゃがやわらかくなるまで煮る。
3. 煮汁が半量ぐらいに減ったら、砂糖、塩を加えて混ぜる。

○シナモンはブドウ球菌、赤痢菌、大腸菌に対して抗菌作用があります。

CINNAMON — MAGIC OF SPICE

サラダやごはんに シナモン をちょい足し！

インド風ピラフ "プラオ"

米に
野菜と シナモン (スティック)を
加えて炊くだけ

炊き込みごはん × シナモン

まほうのアドバイス

米(2合)、シナモン(スティック/1本)、具(1カップ/200ml)、塩(小さじ1)、2合分の水を合わせて普通に炊けばOK。
具は小さく切ったにんじんやじゃがいも、いんげんなどを、みじん切りにした玉ねぎ、にんにくと一緒に油で軽く炒めてください。赤唐辛子を1～2本加えてもおいしい。

バルサミコ酢 × シナモン

りんごとくるみのサラダ

サラダに
ドレッシングと
<u>シナモン</u>(パウダー)をふるだけ

まほうのアドバイス

りんご1個に対し、シナモン(パウダー)小さじ¼〜½が目安です。
りんごと相性のいいくるみをから炒りして散らしましょう。
ドレッシングの作り方(りんご1個分):バルサミコ酢(大さじ1)、オリーブオイル・塩・砂糖(各小さじ1)を小鍋に入れ、弱火でとろみがつくまで煮詰めます。

CINNAMON — MAGIC OF SPICE

シナモン × プリン

ココナッツミルクで作る、南国の風を感じるプリンです。とろりとした口どけを楽しんで

✧ まほうのアドバイス

黒糖はかたまりの場合は砕いて使ってください。粉状のものを使うと、よく混ざって作業がラク。

スリランカ風プリン ワタラッパン

○シナモンは正倉院の御物に「桂心」という名の薬物として保存されています。

✘ 材料（プリンカップ3〜4個分）

ココナッツミルク …………………… 100㎖
水 …………………………………… 100㎖
黒糖 ………………………………… 40g
卵 …………………………………… 2個
シナモン（パウダー）………………… 小さじ½

✘ 作り方

1 ボウルにすべての材料を入れ、泡立て器でダマがなくなるまでよく混ぜる。こし器でこし、プリン型に入れる。
2 天板に水をはり、プリン型をのせる。
3 140℃に温めたオーブンで30分焼く。

CINNAMON ── MAGIC OF SPICE

◈ サングリア ◇

まほうのアドバイス

長く漬け込むときは、苦みが出ないよう柑橘類の皮をむいてからカットします。好みで砂糖やフレッシュミントを加えてもよく、好みのフルーツでアレンジしてください。

✗ 材料（作りやすい分量）

白ワイン	1本(750㎖)
オレンジ	1個
レモンやライム	1個
シナモン(スティック)	3本

✗ 作り方

1. フルーツは大きめにカットする。
2. 保存容器にフルーツとシナモンを入れ、ワインを注ぐ。すぐ飲んでも、しばらく漬け込んでもOK。

ワイン × シナモン

白ワインの代わりに赤ワインでもおいしく作れます。飲むときに炭酸で割ってもおいしいですよ

CINNAMON

まほうは無限大！
本気のスパイスカレーを作ろう

「スパイスを使ったカレーをイチから作るのは難しそう」。そう思っている人はたくさんいます。でも、ポイントさえおさえれば、誰でも簡単に作れるのがインドカレーの魅力でもあるのです。ここでは、この本に登場した6つのスパイスを使った「ごちそうチキンカレー」をレクチャー。ホール、スパイス、玉ねぎやトマトなど、加熱するタイミングを間違えなければ、本当においしいカレーが作れます。上手に作れたら、スパイスの量や種類をアレンジして、好みのカレーを作ってみてください！

1

フライパンにサラダ油、ホールスパイスを入れ、弱火で1分炒める。

※油にスパイスの香りを移すように、じっくりと熱してください。

2

にんにく、しょうが、玉ねぎを加え、強火で10分、こげ茶色になるまで炒める。

※飴色を超えて、こげ茶になるまで炒めます。アミノ酸と糖が反応して、旨味、とろみ、香ばしさが生まれます。

3

トマトを加え、つぶしながら2~3分炒める。

※トマトは形が残らぬよう、とろとろになるまで炒めます。

4

パウダースパイス、塩小さじ1を加え、弱火で1分炒める。

5

鶏肉を加えて中火にし、表面の色が変わるまで炒める。分量の水を加える。

6

煮立ったら弱火にしてふたをし、10分煮込む。生クリームを加え、塩で味をととのえる。

材料（2人分）

●スパイス

〈ホールスパイス〉
シナモン(スティック)…1本 (粉を使う場合は小さじ½)
スターアニス…………1個 (好みで入れなくても可)

〈パウダースパイス〉
コリアンダー……………………………大さじ1
クミン……………………………………小さじ1
ターメリック……………………………小さじ½
ナツメグ………小さじ¼ (好みで入れなくても可)

〈辛くしたい場合は追加〉
チリペッパー………………小さじ⅛〜小さじ1

●材料

鶏手羽元肉……………………6本
にんにく(みじん切り)………1かけ
しょうが(みじん切り)………1かけ
玉ねぎ(みじん切り)…………1個
トマト(ざく切り)……………1個
　(トマト缶200gでも可)
サラダ油………………………大さじ1
水………………………………150㎖
生クリーム……………………100㎖
塩………………………………適量
ターメリックライス※………2人分
※米2合に対し、ターメリック小さじ⅛を
　加えて普通に炊く。

ごちそうチキンカレー

7
ターメリックライスと
カレーを器に盛る。

スパイスのまほうは、終わらない。

✦

スパイスのまほうはお楽しみいただけたでしょうか。

スパイスはかければかけるほど
おいしくなるわけではありません。

スパイスは香水みたいなもの。
香水だって、いっぱいつけたからといって、
カッコよくなったり美しくなったりするわけではありません。

いつもの料理に、ちょこっと足すだけ。
それがまほうの上手な使い方です。

日本にインドや西洋のスパイスが入ってきたのは、
長い歴史の中でごく最近の話。
日本の家庭料理とスパイスの組み合わせというのは、
まだまだ未知の食の世界です。

新しい組み合わせが、
新しい食文化を生んで、
新しい発見をもたらします。

日常に発見があるって、とても幸せなことで
なかなかないことだと思っています。

スパイスに慣れていけば、
きっとあなたも新しいまほうが生み出せるはず。

スパイスのまほうの世界は、まだまだ始まったばかりなのです。

印度カリー子

NYに住んでいたとき、日々生まれる多様な食文化の変化に驚きました。
健康志向の菜食レストランからジャンクフードまで、呼称やプレゼンテーションなど
形を変えては次々と生まれる。NYならではの光景でした。

その後、沖縄クライシス*1問題を受け、
沖縄市コザにてレストランのディレクションの機会を頂きました。
当時NYで産声を上げ始めたVEGAN料理*2にジャンクフードの味覚を融合させた
「VEGAN JUNK」という全く新しい食文化を提唱すると*3
「え？これってお肉じゃないの？」「お野菜なの？」と言う歓喜の声が上がりました。
きっとこれが、食文化でいう僕の「魔法」の始まりです。

この料理で重要なのは、スパイスやハーブの組み合わせ方でした。
古来から、体調管理にスパイスの存在はあったと聞きます。
しかし、使い方を間違えれば逆効果もあります。
後に友人を通じて、この分野の知識がとても豊富で、
なおかつ科学の視点からも立証できる女史を紹介されました。
それが「印度カリー子」さんです。

スパイスに詳しいだけではなく、障がい者の自立支援をスパイスの製造を通して
行なっているという高い志に、僕は素直に尊敬を覚えた。と同時に、
彼女とコラボして新しい「スパイス文化」をディレクションしたいと考えました。
日本人はカレー好きではありますが、いまだ食文化にスパイスが根づいていません。

スパイスをどうやって使えば良いのか？
そこで彼女と共に産み出したのが日々の食事にちょい足しする「スパイスのまほう」です。
この本は料理本というより、スパイスの使い方の導入編、
日本の新しい食文化を提唱する本になります。

愛するあなたのために
愛する家族のために
愛するお友達のために

あなたのテーブルがスパイスのまほうで
笑顔のブーケに包まれることを祈っております。

AZZAMI

*1 クライシス=危機。食の欧米化により、かつては長寿日本一であった沖縄県男性の平均寿命が一気に低下したとき(2000年)に生まれた言葉
*2 肉や魚、卵や乳製品など動物性食品の摂取を避けた料理。当時は素材の味を活かしたもの=薄味が主流だった
*3 缶詰や揚げ物、ファストフードの味に慣れ親しんだ沖縄県人の味覚に対し、健康志向の食を定着させるのが最大の課題。素材は全てVEGANでありながら、ケチャップやマヨネーズ、ハンバーガーなど、ディテールそのものにまでJUNKフードテイストにこだわった食を提案し、好評を博した

印度カリー子（いんど かりーこ）

スパイス料理研究家
印度カリー子のスパイスショップ代表
1996 年、宮城県生まれ。インドカレーに魅了され、簡単に日本の家庭で作れるよう情報を発信。スパイスセットの開発・販売も行い、地元・宮城県にてスパイスを通じて障がい者の自立を支援している。2021 年 3 月、東京大学大学院修了。テレビ、ラジオ、新聞、イベントなど、幅広い活躍で注目を集める。

https://indocurryko.net
twitter　　@IndoCurryKo
Instagram　@indocurryko
FaceBook　@IndoCurryKo

AZZAMI（アザミ）

advertising.orchestra、Craft Design Technology
CEO & Creative Director
ファッションブランドから大手百貨店、大型商業施設、老舗文具メーカーを束ねるプロジェクト、vegan デリ＆ダイニングなど、あらゆる業界のイノベーション、リノベーション地域開発、TVCF 指揮などを行う。現在、伊勢丹新宿本店、銀座三越のウィンドーなどのクリエイティブディレクションを手がけ、領域横断型プロジェクトを同時進行。

https://www.craftdesigntechnology.co.jp

STAFF

アートディレクション／山口アツシ (Super me inc.)
デザイン／山口アツシ、渡邉彩加 (Super me inc.)
スタイリング・調理協力／脇もとこ (Super me inc.)
撮影／福岡 拓
編集／嶺月香里

スパイスのまほう

| 発行日 | 2019年 7月12日 | 第1版第1刷 |
| | 2021年 9月15日 | 第1版第5刷 |

著　者　　　印度カリー子（いんどかりーこ）
クリエイティブディレクション　AZZAMI（あざみ）

発行者　斉藤　和邦
発行所　株式会社 秀和システム
　　　　〒135-0016
　　　　東京都江東区東陽2-4-2　新宮ビル2F
　　　　Tel 03-6264-3105（販売）Fax 03-6264-3094
印刷所　三松堂印刷株式会社　　　Printed in Japan

ISBN978-4-7980-5935-8 C0077

定価はカバーに表示してあります。
乱丁本・落丁本はお取りかえいたします。
本書に関するご質問については、ご質問の内容と住所、氏名、電話番号を明記のうえ、当社編集部宛 FAX または書面にてお送りください。お電話によるご質問は受け付けておりませんのであらかじめご了承ください。